育てるカウンセリング実践シリーズ　1

学級崩壊
予防・回復マニュアル

全体計画から１時間の進め方まで

河村茂雄著

図書文化

まえがき

育てるカウンセリング実践シリーズ1
学級崩壊　予防・回復マニュアル

心を育てる学級経営が
学級崩壊からの回復薬

私が國分康孝先生監修の『スクールカウンセリング事典』で、「学級崩壊」の項目を担当させていただいたのは、一九九六年でした。当時はマスコミに取り上げられる前で、学級崩壊という問題は、学校現場のタブーの雰囲気がありました。

つまり、学級崩壊は〝一部の指導力に不安のある先生〟の学級で発生している問題であり、各学校でも校内でひそかに対応しているという状態だったのです。

地区の教育相談部の役員をしていた私のところには、一九九〇年に入ったころから、学級崩壊の情報が頻繁に入ってくるようになりました。その中には、教育相談研修をかなり積んだ私たちの仲間の報告もありました。

これらの事例を整理していて、私は学級崩壊はもはや一部の先生の問題ではないと強く思いました。学級という集団を単位に教育実践を重ねる先生にとって、とても重要な問題だと思ったのです。

「よい授業、素晴らしい教育実践には、しっかりした学級経営が大事である」

私も新卒のころから先輩の先生方に言われてきました。

しかし、望ましい学級集団の育成方法となると、「子どもを愛すること」「やさしさの中の厳しさが大切」と、漠然とした精神論がほとんどだったような気がします。教員研修でも、特に学級経営だけを取り上げたものはなかったようです。

教育実践の基盤となる学級経営は大事だと言われますが、学級集団の育成方法について、系統的に研修する機会はほとんどないのではないでしょうか。

また、現在、大学の教育学部に在職していて感じるのは、集団の理解と対応、集団に対するリーダーシップのあり方などに関する授業がとても少ないということです。教育相談（カウンセリング）が教員免許取得の必修科目になりましたが、学級経営に関する社会心理学領域の講座は少なく、それほど重要視されていないと思います。

このように、先生は、教員養成中も、教職に就いてからも、学級という集団についての理解や育成方法、要するに学級経営に関する専門的な知識や技術を学ぶ機会がほとんどないのです。

これは、対人関係がうまく形成できず、

集団に建設的に参加することが苦手な現代の子どもたちに、学級という枠組で対応することが多い先生にとって、深刻な問題です。

　子どもは一人のときと、友人グループの中にいるときと、学級集団の一員として行動しているときとでは、行動や態度は微妙に違うものです。子どもと一対一の関係ならば対応できても、集団になるとちょっと……、これでは、先生として実践的な力が発揮できません。

　子ども一人一人を受容的に理解し対応することは、教育実践には不可欠です。しかし、個別カウンセリングの研修をいくら積んでも、学級経営がうまくいくかというと、イコールではありません。

　先生の子どもとのかかわりは集団の中がほとんどですから、集団の理解の方法や対応の仕方、リーダーシップの取り方などを身につけていないと、せっかくカウンセリング研修で身につけた力量や教育技術も発揮できないことが少なくないのです。

　これからの先生には、カウンセリングに関する素養を前提に、集団やリーダーシップに関する知識や技術が必要になってきたのだと切に思います。

　現在、構成的グループエンカウンターの研修会に強い関心が集まっていますが、まさにこのようなニーズによるものでしょう。①子ども一人一人、②学級集団の状態、③学級集団と一人一人の子どもとの関係、この三つへの理解と対応が、これからの学級経営には必要なのです。

　最近、青少年の非行や問題行動がマスコミを通じて大々的に報道されています。それとともに、学校教育における「心の教育」の必要性も強く叫ばれています。

　心の教育は、社会道徳や人権を先生が説いて理解させるだけでは不十分です。対人関係や集団での共同生活を通じ、その意味や喜びを体験して初めて身につくものなのです。

　基本的なマナーやルールが確立し、かつメンバーにふれあいのある人間関係が存在する集団で生活することが、子どもの心の教育にとって不可欠です。

　そのような学級集団を育成し、その中で子ども一人一人の生活や学習を支援することは、心の教育の実践そのものです。学級経営は、心の教育の実践の中核であるといっても過言ではないでしょう。

　学級経営の重要性が再認識されてくると同時に、学級経営のむずかしさもクローズアップされてきました。

　それぞれの教育観を持った先生と三十人前後の子どもたちが生活する学級集団は、一つ一つ独特の雰囲気をもっています。しかし、そういう独自性の高い学級集団も、集団という視点から見れば、最大公約数の共通性があるのです。

　その基本的な共通性を理解し、それに対応する技術を身につけることが、まず基本となるでしょう。そのうえで、各学級の独自性にそって柔軟に実践を展開することが、今、先生に求められていることだと思います。

　学級崩壊という問題は、現代の先生につきつけられた学級経営の課題であるとも言えます。本書がその課題に取り組む多くの先生方のヒントになれば幸いです。

二〇〇〇年　六月

河村　茂雄

育てるカウンセリング実践シリーズ1

学級崩壊 予防・回復マニュアル

《目次》

本書の読み方・使い方

本書は，「使える本」をめざして編集しました。全部読めるとベターですが，必要な箇所から順に活用することもできます。使い方のちょっとしたコツをご紹介します。

■学級崩壊に対処するための基本的な使い方

1. **1.診断**　第2章
「学級状態チェック」で学級のタイプと現状を見極めます。**39p「学級を回復させる手順」**に従って自己診断します。(自信のないときは「学級満足度尺度Q-U」河村茂雄著を使ってください)

2. **2.計画**　第3章
「学級回復マニュアル」では，崩壊の状態に応じて対策の手順が示されています。まず全体像をつかみます。

3. **3.詳細**　第3～6章
3章の「回復のシナリオ」に詳細のありかを明示しました。第4～6章はすべての状態で活用できる「先生の基本スキル」です。

■こんなときはここを！

●学級崩壊とは何か知りたい………1章を
●指導技能を高めたい…………………2章の「学級経営チェックシート」実施後，4～6章を
●崩壊に悩む人をサポートしたい…1章で全体を把握して3章で対策，7章で心のケアを
●エンカウンターはどう使うの……1章「学級を回復させるとは」「崩壊しない学級の育て方」，4章の97，98pで仲間づくりの原理を

■すぐ使える資料！

●チェックシート各種
学級経営チェックシート（教師むけ）38p　　学級生活振り返りシート（児童むけ）74p
教師の思いこみチェック（教師むけ）156p

●セリフによるシナリオ
王様じゃんけん 48p，サケとサメ 49p，なんでもバスケット 50p，三角オニ 51p，団結くずし 52p，甘えてくる子 62p，トラブルの解決 63p，ルールを見直す 64p，成果の確認 65p，学級総括と再契約 72p，保護者会の進め方 80p

第1章
学級を回復させるとは

学級崩壊を予防・回復する理論のすべて

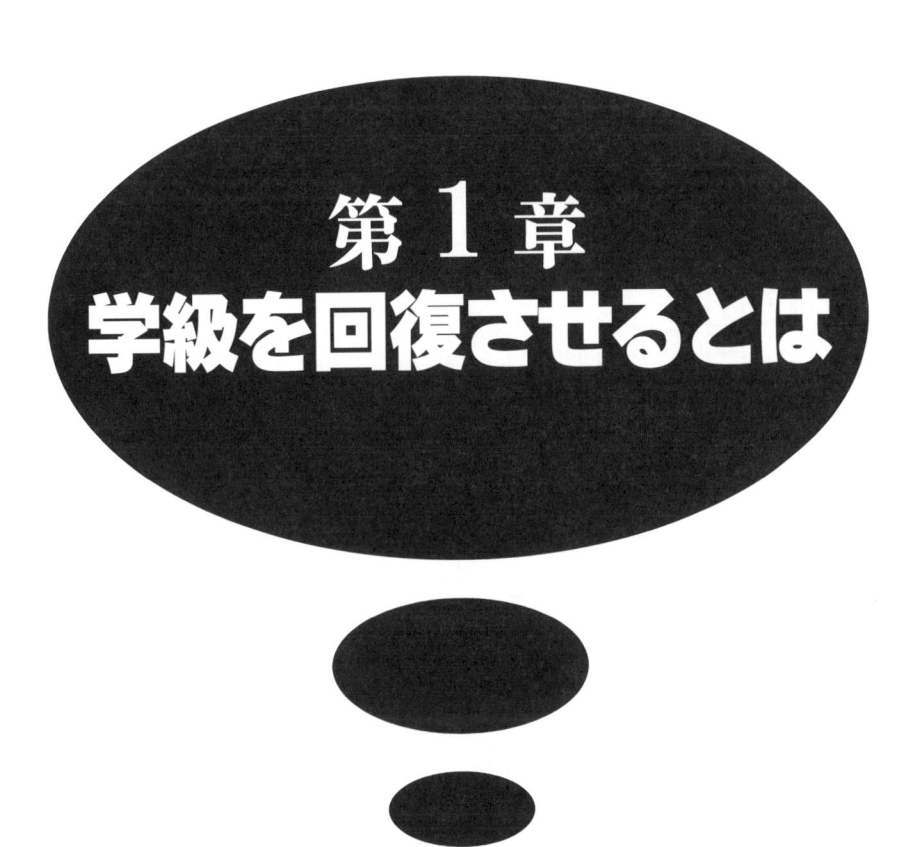

崩壊してしまった学級

——子どもたちと先生みんなの悲劇

崩壊してしまった学級で、授業は成立しません。先生を無視して子どもが立ち歩き、私語や先生をバカにする発言が続きます。

教室は、掃除道具入れなど共同で使うものが荒れ放題。床のそこら中にゴミが散らかっています。机はカッターで掘られ、黒板には「バカ」「死ね」の文字が油性マジックで書かれています。壁に貼られた運動会や遠足の写真、習字の作品なども、いたずらがきをされたり、画びょうでズタズタにされています。

先生の存在は無視され、教室は無法地帯。トラブルが続出です。もう学校教育の成立など見込めません。

この悲劇は、ベテランの先生や実力があると目される先生にも身近に迫っています。

崩壊の中の子どもたち

崩壊した学級はその場が面白ければよいという雰囲気です。先生に反抗する子を面白がり、周りの子どもたちはワイワイ言いながら見ています。勝手し放題の毎日です。

しかし、子どもたちも気分爽快かといえば、そうではありません。イライラやストレスをため込んでいるのです。

彼らも、こんな状態では勉強が遅れることを知っています。人間関係もズタズタで、いつ自分が攻撃にさらされるかわかりません。教室にいると、その不安や緊張でとてもつらいのです。そのうちに、案の定、いじめ被害や不登校傾向の子どもが現れます。

ほとんどが「こんなクラス早く出たい」と思っています。なのに教室に集まると、言い知れぬイライラや不満につき動かされ、前述のような行動をとってしまうのです。

崩壊の中の先生

一度狂った歯車は、なかなか元に戻りません。そして子どもたちの不安や不満は、この状態を解決してくれない先生への憎しみとなってぶつけられます。批判は大人びていても、限度を知らないところが子どもです。先生はそれにいっそう傷つけられます。

こうなると、子どもたちのひどさ、保護者のしつけのなさなどを、職員室でグチらないわけにはいきません。グチるのはつらさを発散できますし、つらい状況をわかってもらえるので、おすすめの方法です。

ただし、あまりにつらいので、自分の正当性を執拗にＰＲしがちです。度を超すとだんだんと同僚たちも鼻白み、援助する雰囲気がなくなることがあるので注意が必要です。けれど、それほどつらいのです。

いっぽう、自分を責め続けてしまう先生もいます。見るからにやせたり、げっそり疲れてきます。二十代の女性の先生で、急に白髪が目立ってきた例もありました。

また職員室に降りてこない場合もあります。クラスが思うように運営できなくると、同僚から何か言われるのではと職員室に来るのが怖くなるのです。だからといって教室にいるわけでもありません。トイレに行ったり、印刷室にいたり、「うるさ型」の先生がいないのを見計らって職員室に行ったりしているうちに、校内に自分の居場所がなくなっていきます。そして、抑うつ状態にいたる場合もでてきます。

崩壊を抱えた学校

学級が崩壊にいたったら、一つや二つの対応ではすぐに改善できません。計画的な対応が、少なくとも二、三カ月は必要です。

管理職や先輩の先生は、当事者のつらい気持ちを受け止めることはできます。しかし、具体的な計画を立て、日々の実践にアドバイスできる人は少ないように思います。

学年の先生たちも、援助が長引くと疲れ始めます。荒れが飛び火する可能性があり、自分のクラスへの対応も欠かせません。そんななか、なかなか成果が現れないと、周りの先生にも疲れや無力感が生じてきます。そうなると、当然、援助には力が入りません。崩壊学級を担任している先生を援助するのは、援助する側もとても苦しいのです。

最後には、「あと何日で卒業（クラス替え）ですから、みなさんがんばりましょう」と、日が減るのを待つだけにもなりかねません。学級崩壊、残るのは傷ついた子どもたちと先生たちです。

■担任にとっての崩壊対策

- 「学級崩壊は起こりうる」という現実を知る
- 予防と対処の方法、その限界を知る
- ふだんから個人的にも組織的にも支援体制を育てておく

崩壊をどこでくい止めるか
——担任の踏ん張りどころ

六年生の二学期。ある学級で子どもたちが反抗し、授業や、学級で行う活動がいっさい成立しなくなりました。

さいわい管理職は協力的でした。卒業式まではなんとかふつうのクラスにもどし、整然と卒業式に参加できるようにという目標を立て、教頭と学年の先生、生徒指導主任から二人が常時張りついてくれました。

授業をする担任のそばでにらみをきかせ、子どもたちの行動や態度を厳しく指導し続けました。二か月の集中的な対応で、学級はひとまず整然となり、なんとか格好がつくようになりました。

しかし、子どもたちが担任にぶつける不満が強まりました。張りつきの先生がいなくなる給食の時間など、反抗がエスカレートし、罵詈雑言が飛び交います。放課後にだれかの体操着が切られたり、校舎に「○○死ね」という落書きがされるなど、陰湿な行動も見られるようになってきました。

結局、子どもたちが学校にいる間は、二人の先生が必ず担任に張りつくという形で卒業式を迎えたのですが、担任の先生はその年の三月に退職しました。

最低限保障すべきこと

　どんな状態でも、先生は子どもたちの、①学習権、②人格を陶冶する権利の保障に全力を尽くさなければいけません。

　子どもたちの反抗を制圧し、学級を無理にまとめれば授業は成立します。しかし、「抑えつけられている」うっぷんから始まった反抗が、さらに強い力で管理されると、子どもたちの不満はますます高まります。こんな状況にした担任を激しく憎みます。

　また担任にしてみれば、「一人前ではない」というレッテルを、子どもの前で張られたことになりかねません。

　このような状態で、子どもたちに本当の学習や人間的な成長が望めるでしょうか。

　学校や学級としての体裁より、どうすれば本当に子どもたちの権利を保障できるのか、そのために万策を施すことです。

崖っぷちで残るには

　私の友人も学級経営で苦しんでいました。その先生は教育相談や特別活動の実力者で、地域でも有名です。その先生が初めての経験だと言って苦しんでいました。

　週に二〜四回、一回二時間ぐらいの相談が電話できました。聞くと、「なれあい型の中期」（詳しくは四三頁）くらいでした。

　学級を見学させてもらい、管理職や同僚の先生方から話を聞きました。

　結果、学級がどんなに揺れトラブルが続発しても、完全な崩壊にはならないと私は確信しました。先生は子どもたちとの絆の種を必死にまき、育てていたからです。

　関係がうまくいかないと、子どもと距離をとりたくなるものです。しかしその先生は、こんがらがった子どもとの関係の中に自らかかわり、一つ一つ対応していました。

　見学したときに廊下に出ていた男子に「〇〇先生はどうですか」と聞くと、「細かいところまでいちいち注意したり、考えさせられたりと面倒くさいけど、俺たちのことを心配してくれているんだよな」とポツリと言いました。管理職も同僚も先生のそういう姿勢に打たれ、できるかぎり援助したいと言っていました。

　子どもとの心のつながりを、つらいからといって先生が切らないこと、それが完全な崩壊を食い止める最後の砦だと思います。

　当事者はとてもつらいです。周りの人は話を聞いてあげたり、がんばりを認めてあげることで、心の絆を育てる意欲を失わないように支えたいものです。

完全な崩壊にいたる前に

　崩壊にいたったら、子どもたちが起こす事件と被害を食い止めるだけで精一杯です。相談室で崩壊学級の子どもが言いました。

「勉強が遅れていくことはわかっているよ。家で親から注意されて、そのときはちゃんとしなくちゃと思うんだ。でもあのクラスにみんなでいると、自然とああいうふうになっちゃうんだ」。

　集団のマイナス回転を止め、プラス方向に回転させるには、よほど効果的な対応を持続させなければなりません。だからこそ、学級が「少し変だな」と感じたら、すぐに具体的な対応を施すことが必要なのです。

■「崩壊？」と意識したら

- すぐに具体的な手を打つ
- 先生と子どもの絆を放棄しない
- 「学習権」「人格の陶冶権」を保障する

崩壊しやすくなった理由
——社会が変わり子どもが変わった

学級は崩壊しやすくなりました。子どもと彼らを取り巻く背景が変わったのです。

ここで、何が変わったか整理しておきましょう。そしてだれにでも起こりうることをしっかりと心に留めてください。

人間関係を学ぶ機会がなくなった

昭和三十年ころの食卓は長寿メニューといわれます。経済的にはそれほど豊かではありませんでした。しかし、家族や地域社会が共同してたくましく生きる時代でした。

子どもたちは、家庭で自分の仕事（お手伝いより責任が重いもの）を担い、なみいる家族たちに受け入れられるための行動や態度を、自然と身につけていきました。

いっぽう町内会の行事も活発で、道を歩くだけでも近所の大人が声をかけ、しかってくれました。これも、社会性や対人関係能力を身につける機会でした。

そして、異年齢の子どもが集まる集団では、けっしてほめられたことばかりではなかったかもしれませんが、遊びを通してとても多くのことを体験しました。

つまり、昭和三十年代までの子どもは、

学校以外にも、人間関係能力や社会性を学習する機会がたくさんありました。

しかしその後、核家族化・少子化・都市化・情報化が進み、直接的な深い人間関係を体験するチャンスが減少しました。

かつては自然と身につけていたことも、身につかなくなりました。

そんな子どもたちが、学校では一堂に会して生活します。人間関係のトラブルが表出するのも当然と言えるでしょう。

現代の子どもたちは、

①人間関係を形成する意欲と技術
②社会性
③がまんする力

が低下したと考えられます。

子どもたちが学級に集まっても、自然に友達をつくったり、意欲的に学級に関わったりすることはできません。学校や先生が、意識して援助しなければならないのです。

学校や先生の威光が消失

一九七〇年代、子どもが先生のいうことを聞く理由の圧倒的第一位は、「先生だから」でした。一九九六年に私が同じ調査をしたところ、これはベスト3にも入っていません。「先生」という看板が与える威力は、低下してしまったのです。

全国紙が伝える学校教育の問題でも、教師の資質の低下が必ずベスト3に入っています。社会全体の教師を見る目も厳しくなってきました。

前提がなくなった

高度経済成長のころの学校教育の常識は、時代の流れの中で、もはや非常識になっていることも少なくありません。

例えば、多くの先生は「楽しくなくても勉強はするもの」という考え方をもっています。しかし、今の子どもたちは楽しくなければ何もしません。「なぜ勉強するのか」「なぜ先生の言うことを聞くのか」をしっかり説明し、学習の前提を生み出すことが必要です。

そして、「先生の言うことを聞くと学級生活が楽しい・充実する」という感情を体験をさせることが必要なのです。

現代の子どもの状態と、先生の指導行動や態度にはズレが生じてきています。「変だな」と感じたら、いまのやり方を変えてほしいという子どもたちのサインです。

いつ「変だ?」と気づくか、そのときに子どもたちに合ったやり方に変えられるかが、学級崩壊にならないためのカギです。

先生が発想を転換する

このような現実を見れば見るほど、小手先では解決しそうにありません。大きな発想の転換が必要そうです。

勉強ができる子をつくらなければいけなかったのは高度経済成長期。これからは、「勉強するのが好きな子」を育てなければなりません。また規則を守る子を育てるのではなく、「集団で生活するためには規則が必要なことをわかり、そのうえで実行できる子」を育てるのです。

■学級崩壊が増えた背景

・子どもが変わり、先生が大胆にやり方を変えなければうまくいかなくなった
・人間関係の体験とその能力を高める機会の減少。学校権威の失墜。

学級を回復させるとは

——学級集団の方向と状態を見極める

	子どもたちの状態	先生の適切な対応
④完成期	中集団がつながり全体がまとまる 	子どもたちの自治を見守る 
↑③成熟後期	10人程度の中集団 	小集団を合わせ中集団にする 協同作業や認め合いを進める グループ内での話し合い方や役割分担の仕方を教える
↑②成熟中期	4～6人の小集団 	ペアを合わせ小集団をつくる 協同作業や認め合いを進める
↑①成熟初期	2～3人でくっつく 	隣同士でペアをつくらせる 協同作業や認め合いを進める 3回程度ペアを交代させる

↑ 育成

↑ プラス方向への変化

スタート	見知らぬ集団に放り込まれて緊張，混沌とした状態	子ども一人一人と先生の信頼関係をつくる

↓ マイナス方向への変化

	子どもたちの状態	先生の適切な対応
①崩壊初期	一人一人の人間関係が切れる 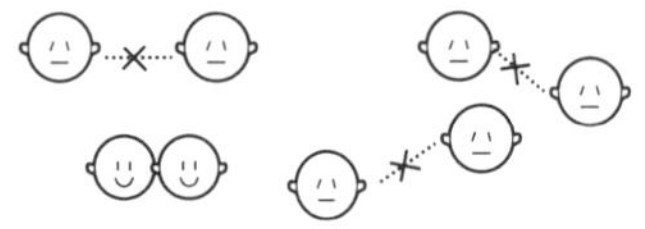	**■修正** 隣同士の嫌悪感を断ち切る
↓②崩壊中期	4～6人の小集団が反目し合う 	**■再生** グループ同士の憎しみを取る 管理職や学年の先生に相談する
↓③学級崩壊	集団が拡大し先生に反抗する 	**■危機介入** 先生への憎しみを取る 全体が醸し出すマイナス作用を断ち切る 学級を一時解体する

↑ 回復

学級崩壊とは

私は学級崩壊を次のように定義して、予防策や対処法を練っています。

先生の言うことを子どもたちがほとんど受け入れず、先生と子ども、子ども同士の「人間関係」と、学級の「ルール」が壊れている状態。子どもたちの、学習を受ける権利と人格を形成する権利が損なわれている状態。

まず理解したいのは、いきなりこうした状態に陥るのではないということです。

ふつう先生は、新学期より二学期、二学期より三学期と、学級がだんだん成長し、まとまっていくと考えています。

実は同様に、時間がたつにつれ学級が悪くなっていく変化もあるのです。学級は原点（ゼロ）からスタートし、プラスかマイナスのどちらかの方向に変化していきます。

学級崩壊は、最もマイナス方向に進んだ危機的な状態です。そこでは、緊急手当と一段階もどすための回復作業を行います。

いっぽう、崩壊にまで達しない段階では、マイナス方向へ進もうとする学級を踏みとどめさせ、回復させることになります。これが学級崩壊の予防です。

学級を回復させるとは

子どもたちがマイナスの変化を始めたら、できるだけ早くスタート地点まで戻します。友達や学級や先生に対して「イヤ」な気持ちが生まれ、集団がどんどん変化していくので、イヤな気持ちを減らし、どちらでもない最初の状態まで戻すことが必要です。

本書では、これを「学級の回復」として方法を説明します。なお、プラス方向の変化を促すことは「学級の育成」とします。

学級はどう変わるのか

学級の変化は人間関係の絆に表れます。「この人とは仲よくやっていける」「この人はイヤだ」と感じる人数や範囲です。

学年始めの子どもたちは、見知らぬ集団に放り込まれ、緊張し、混沌としています。

それがまず、信頼できる二〜三人でピッタリとくっつきます。全体への不安から気の合う仲間で寄り添うのです（成熟初期）。

そのペアがもとになり、四〜六人の小集団が乱立します。他の小集団とは仲が悪く、争うことでまとまりがちです（成熟中期）。

この小集団が結合すると、十人程度の中集団ができます（成熟後期）。男子全体のグループや女子全体のグループがそれです。

この中集団同士が協力できるようになると、学級全体が一つになります。自治のできる理想の学級集団です（完成期）。

いっぽう、マイナスの変化もあります。

崩壊初期は、子ども同士の何割かに「イヤな感じ」が生まれ、関係が切れ始めます。

崩壊中期になると、その気持ちが憎しみに変わり、反目し合う様子が見て取れます。

学級崩壊では、力の強い者がグループをまとめます。人間関係が階層化して仲間はずれやいじめが起こりやすく、グループの対立も激しいのですが、先生に反抗するときだけまとまります。

■学級を回復させるポイント

- 学級は、成熟・崩壊のどちらにも進む
- マイナス状態の学級は、まずスタートの状態に回復させる
- 学級の状態を正確につかむ（2章へ）

崩壊の2パターン

――先生の対応で崩れ方が違う

学級は「反抗」か「なれあい」のどちらかの流れをたどって崩れます。私が調査したところ、前者が八割、後者が二割です。

反抗が激しくなって崩れる

これは高校の荒れが中学に下り、さらに小学校にまで来た「荒れ」だといえます。知識や技能、基本的な生活態度をしっかり身につけさせようとする指導に、子どもたちが息苦しさを感じ、集団で先生に反抗するというものです。

ふだんから厳しい雰囲気の学級で、学習指導と生活指導に先生の言動が偏り、その評価が前面に表れたとき、子どもたちは先生を「管理的!」と感じます。そして先生の権威を子どもたちがまったく認めなくなったとき、学級は崩壊してゆきます。

なかには、強い指導で最後まで押し通すことのできる先生もいて、子どもたちは一見整然と生活しているように見えます。しかし、このような学級では、実は学校生活の喜びや学習の楽しさを体験することがむずかしいのです。

なれあって崩れる

もう一つは、先生と子どもの仲がいいだけで、子ども同士は互いに他人のままで時間が経過し、小さなトラブルが積み重なって学級がバラバラになってしまうものです。

これは低学年に多く見られます。最近は、中・高学年でも見られるようになりました。

放任的な学級経営をしていたか、意識的な働きかけが功を奏さなかった学級で起こっています。学級が、友達づきあいのうまくできない子ども、集団に参加できない子どもの集まりとなるのです。

この場合、友達づくりや人間関係の基本を学ぶのが小学校の大きな目標なのに、それが達成されないことになります。この子たちが中学・高校へと進んでいくとき、その年齢に合った発達課題に向き合ううえでも、大きな影響を被ることが考えられます。

どっちの可能性が高い？

これらの二タイプの崩壊は、先生がふだんからどんな学級経営方針をもっているか、どう子どもに対応しているかと関係があります。

ある先生は「反抗型の崩壊」に遭遇する可能性が高く、ある先生は「なれあい型の崩壊」に遭遇する可能性が高いのです。

崩壊までのパターンと先生のタイプは、次のような関係になっています。

●反抗型…………指導的なタイプの先生
●なれあい型………援助的なタイプの先生

先生の仕事には、子どもたちに知識や技能および社会性を身につけさせる「指導的」側面と、一人一人の自己の確立や人間関係の育成を「援助する」側面があります。

この二つの側面を子どもたちの実態に合わせて統合し、学級経営を行っています。

ただし、その先生がふだん何を重視しているのかによって、実際の対応には特色が表れます。これに影響を受けて、学級の状態が生み出されてくるのです。

なおこの場合、先生がもっている意図というよりは、子どもたちがどのように受け止めているかでタイプが決まります。

そのほかのパターン

本当にむずかしい子どもが集まった学校・学年があることは事実だと思います。この場合、一つの学校でなれあい型の崩壊がよくみられます。教師の数や構成など、人員配置への行政のかかわりが不可欠です。

また残念なことですが、先生自身の性格や行動上の難点が原因として考えられる場合もあります。この場合、同僚としては軽く相談にのることもできません。管理職がしかるべき専門機関と連携をとって、対処していくことが必要です。

本書は、崩壊の要因をすべてひっくるめて考えるのではなく、事例の九割にあたる上記「反抗型」「なれあい型」の崩壊について、個別に言及していきます。

■崩壊のパターンからわかること

・学級の崩れは、「反抗型」「なれあい型」でパターンが違う
・教師の考え方と態度で対応が異なる
・自分のタイプを知る（2章1節）

反抗型の崩壊パターン
——指導的な先生に起こりやすい崩壊

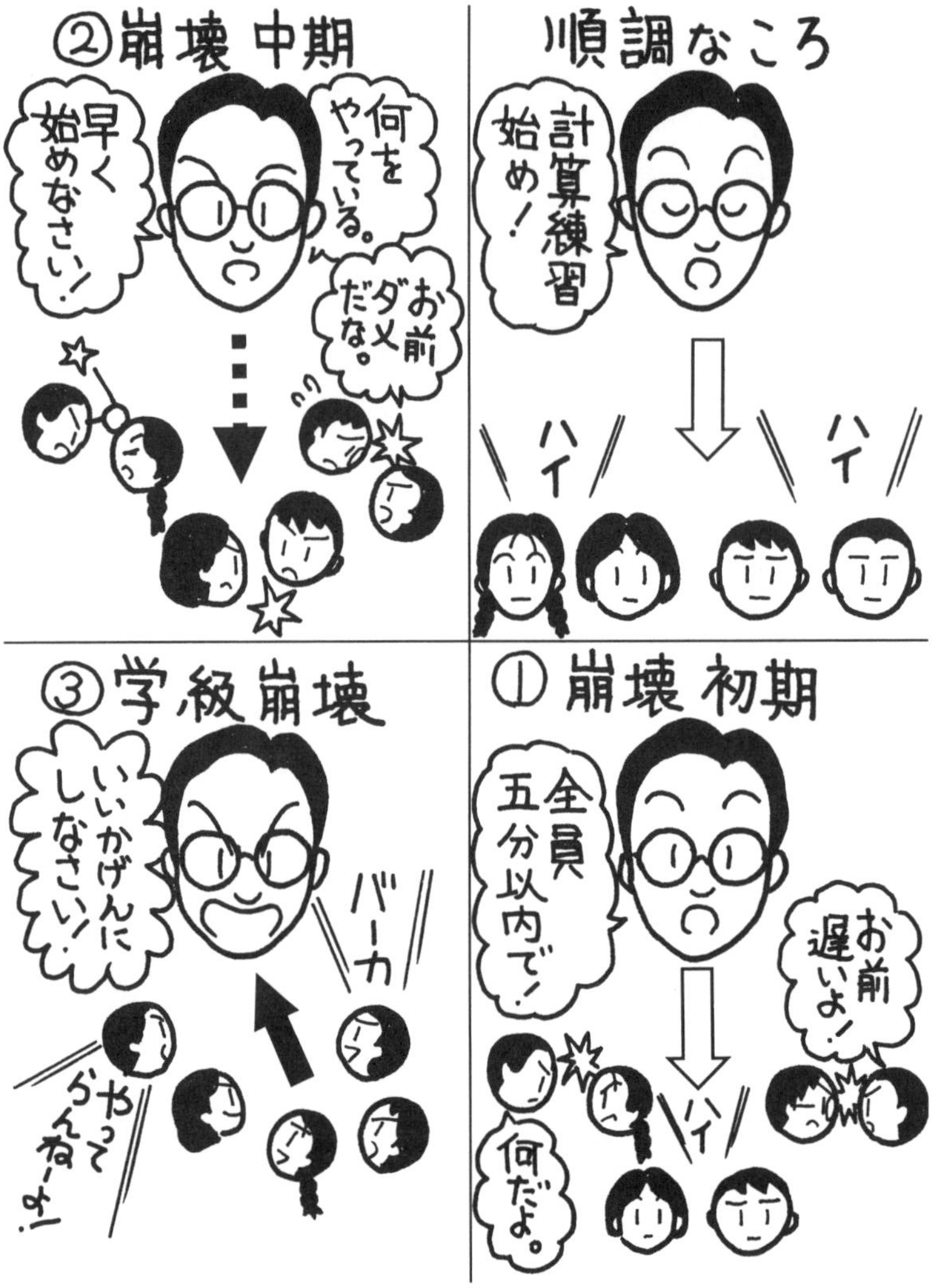

反抗型の崩壊は、自分の気持ちを表現したり友達とふれあうことが少なく、先生に評価されることの多い学級で起こります。

知識や技能、社会性を身につけさせることを重視する「指導タイプ」の先生が陥りやすいパターンです。ちなみに、全国の先生の七～八割はこのタイプです。

教室の雰囲気

このような学級は、学習を定着させよう、社会性をしっかり身につけさせようと、先生がんばっています。ただし、指導に熱が入り、効率的な定着をめざすあまり、学級を強引にまとめてしまうことがあります。

「指導」に対して、自己の確立や人間関係の育成を「援助」する部分が、八対二くらいになったら要注意。

この状態では、成績をちらつかせながら、「○○しなさい」と指示したり、「○○してはいけない」と注意するなど、禁止・命令語を多発しているはずです。すると、子どもたちは、先生の権力で高圧的に迫られていると感じ始めます。

また、いつも教師面で話すことが多くなっ

ています。「今日、ちょっと顔色が悪いんじゃない?」と子どもの様子に細かく配慮したり、休み時間に子どもと冗談を言い合うなど、一人の人間として子どもとかかわることが少なくなっています。先生がいつも教師面をしていると、常に評価の目でみられている気持がして、子どもはホッとできません。親近感をもてません。

　このような状態が続くと、子どもたちは抵抗を起こし、崩壊の下地が整ってきます。

こんなふうに崩れていく

　学級が順調なころは、先生の強い指導力に子どもたちが従い、まとまっています。ただ、感じていることや思っていることを、先生や友達に表現する機会はありません。

①崩壊初期

　子どもたちにだんだん不満が蓄積してきます。自分たちは踊らされるばかりで、先生には言うことを聞いてもらえません。そのうえ、先生は「もっともっと」と求めてきます。先生の視点は学習指導と生活指導に集中し、いい子とダメな子がなんとなく色分けされてきます。

　そこで、先生に向けられない不満を、子ども同士でぶつけるようになります。もともと仲間づくりをされていたというより、一緒に動かされていただけの子どもたちは、簡単に仲が悪くなっていきます。

　この段階で、先生には「今までまとまって動いていた子どもたちが、バラバラとして動きが鈍くなった」ように感じられます。それを指導力が低下したと察し、いっそう強くしかるようになります。

　実は、ここが分かれ道です。雪道の運転では、後輪が滑ったら逆ハンドルを切って体勢を立て直します。同様に、指導力が低下したと感じたら、逆に援助の側面を強めるようハンドルを切る必要があるのです。

②崩壊中期

　子どもたちのいがみ合いが学級を揺るがし、集団活動がスムーズにできません。先生の指導がきかないのです。いい子とダメな子が固定し、グループに階層ができて、いじめの温床となります。

　先生は、この段階で初めて「崩壊」の危機を感じることになります。

③学級崩壊

　どんなに強い指導もききません。グループが固まって先生に反抗します。けんかやいじめが絶えず、気の弱い子は不登校になります。不満と不安で結びついたグループのなかでは、いつ自分が標的にされるかわかりません。ほとんどの子が「この学級はイヤだ」と感じています。

メリハリタイプの場合

　厳しく指導しつつ、ときどき遊びの時間を設けて息を抜かせる先生もいます。

　最初は学級がまとまり、授業も効率的に進みますが、先生の意のままに動かされているという不満が蓄積してくることがあります。こなると結局、指導タイプの先生と同じ経過をたどります。

　ポイントは、先生がリーダーだと思われながらも、子どもたちと同じ目線でコミュニケーションがとれることです。

■反抗型を起こさないために

・指導タイプの先生は要注意
・教師の八割に可能性あり
・初期で思い切って援助に力を入れる

なれあい型の崩壊パターン

――援助的な先生に起こりやすい崩壊

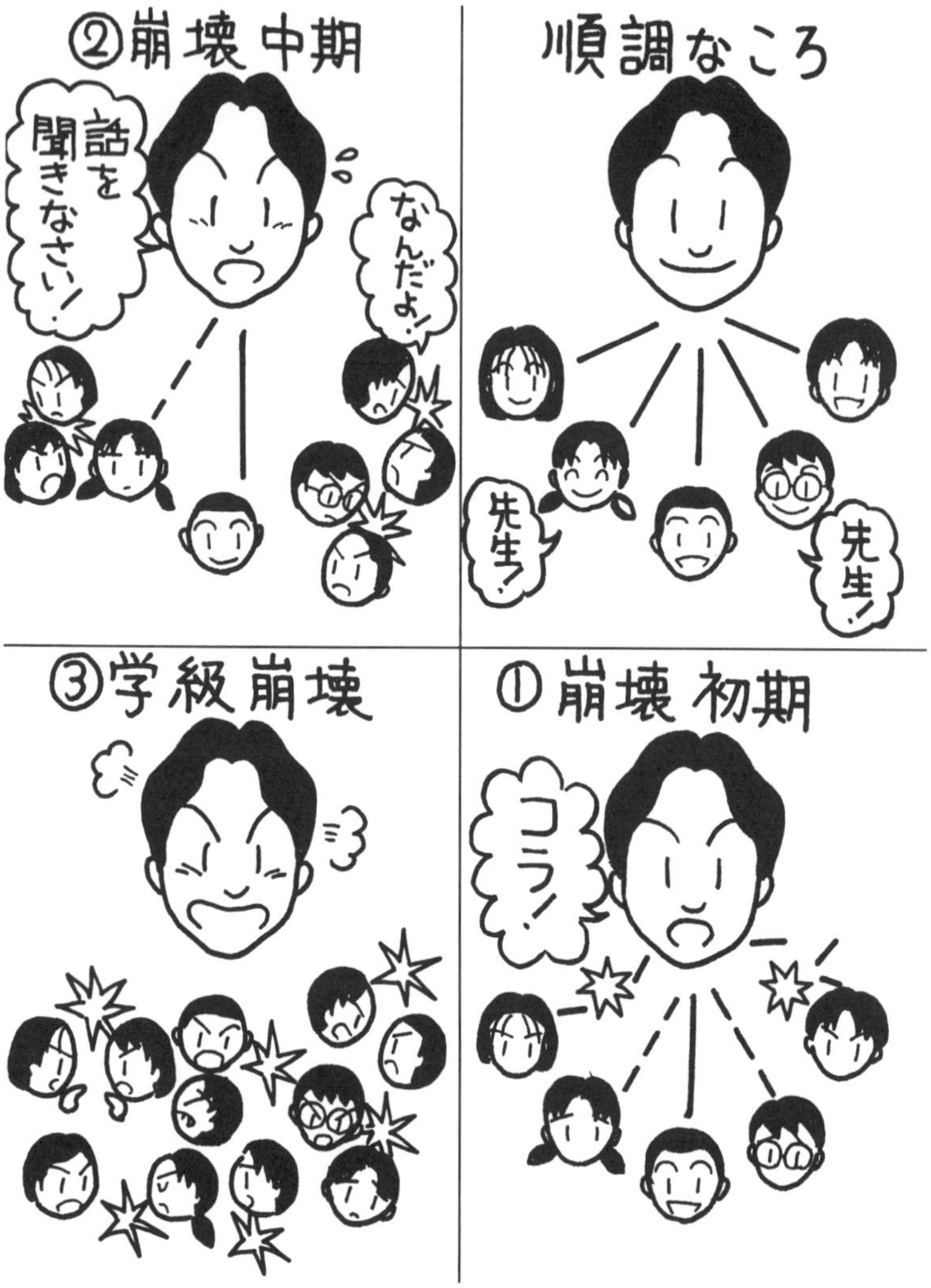

教室の雰囲気

ものごしが柔らかでやさしい先生を、子どもたちが慕っています。学習指導や生活指導を強く推し進めず、評価も厳しくありません。自由で元気のあるクラスです。

けれど、先生の「指導」と「援助」が二対八くらいになったら要注意。

この状態では、「○○してよ」と子どもに友達口調で指示したり、善悪をしっかり理解をさせずに感情的に注意しているはずです。こうなると、子どもたちはなれあい始め、指導がむずかしくなってきます。

これは、先生と一人一人の関係だけが大切にされていて、子ども同士の人間関係づくりと、学級内のルールづくりがおろそかになっている兆候です。指導すべきときに毅然とした対応ができなくなっています。

例えば、学級の目標が守れなくても「今日はしかたがないね」と特例が多くなります。するとルールは絵に描いた餅となり、「学級のことは先生のさじ加減で決まっていくんだ」と子どもたちは感じます。「先生とうまくやったほうがトクだ」という雰囲気が生まれ、他の子より先生に近づきたいという気持ちが強まります。

　また、子ども同士やグループ同士のかかわりが少ないため、横の関係が成長せず、集団としてまとまることができません。いつも先生がそばにいなければならないので、主体性も育ちません。活発な子は、現状維持の雰囲気にものたりなさを感じます。

　そして、先生が一人一人の要求に応えられなくなったとき、子どもたちにうっぷんがたまってきます。

こんなふうに崩れてゆく

　学級が順調なころ、子どもたち一人一人は先生とつながっています。ただ、子ども同士が仲よくなる機会がありません。

①崩壊初期

　先生は、手のかかる子にも手厚く対応し、いい子をたくさんほめてくれます。

　けれど、それを見ている子どもたちは、先生と相手の子に不満をもちます。人のことを喜べる関係をつくっていないので、「あの子がほめられても僕は面白くない」「先生は私とは仲よくしてくれない」となるのです。

　先生と子どものつながりが何本か切れ、弱い反発が生まれます。これが初期です。

　実は、ここが分かれ道です。このとき先生は、今までにない厳しいことを言わずにはいられません。しかし、これが悪循環を進めます。逆に不満をもつ子の言い分をたっぷりと聞いてあげることが必要なのです。

　そして、子ども同士の関係をつくります。

　初めは、先生もゲームなどに入り強くリーダーシップをとります。口調を強くするのでなく、「ここはこうします。これをやります」と毅然と指示します。そして子ども同士で遊べるようにもっていきます。「みんなで動くときと、プライベートのときの先生はちがうんだ」と思わせます。

②崩壊中期

　先生に不満をもつ子が増えました。子ども一人一人の仲が悪く、トラブル続出です。子どもたちは「解決できないのは先生のせいだ」と、反発するときだけまとまります。

　このまとまりを一つ一つほどくことが必要です。あわてて一人とだけいい関係をもつと、ほかの子との仲違いを強くします。

　また、トラブルの対処にも注意します。「A君どうしたの？　B君、気持ちを話して？」と当事者の間に入って話を聞くだけでなく、「A君はこう考えていたし、B君はこう考えていた。この考えの違いがトラブルの原因だったんだね。だから、相手をなじる前に、互いの考えを確認しあうことが大事だね」とみんなの前で説明し、問題を一般化させます。

③学級崩壊

　トラブルのたびに子どもが先生に言いつけに来ます。もう収拾がつきません。「先生は聖徳太子じゃないから、いっぺんには聞けないよ！」とキレてしまいます。

　すると、子どもたちはいよいよ先生を頼りなく感じます。そして先生に反抗することで結びつき、学級は手のつけられない状態になります。もともとルールが育っていない学級で、先生と子どもたちの良好な関係が崩れたため、学級崩壊にいたるのです。

■集団不成立型を起こさないために

- 援助タイプの先生は要注意
- トラブルは学級で共有する
- 初期で子どもの不満に耳を傾け、子ども同士の関係をつくる

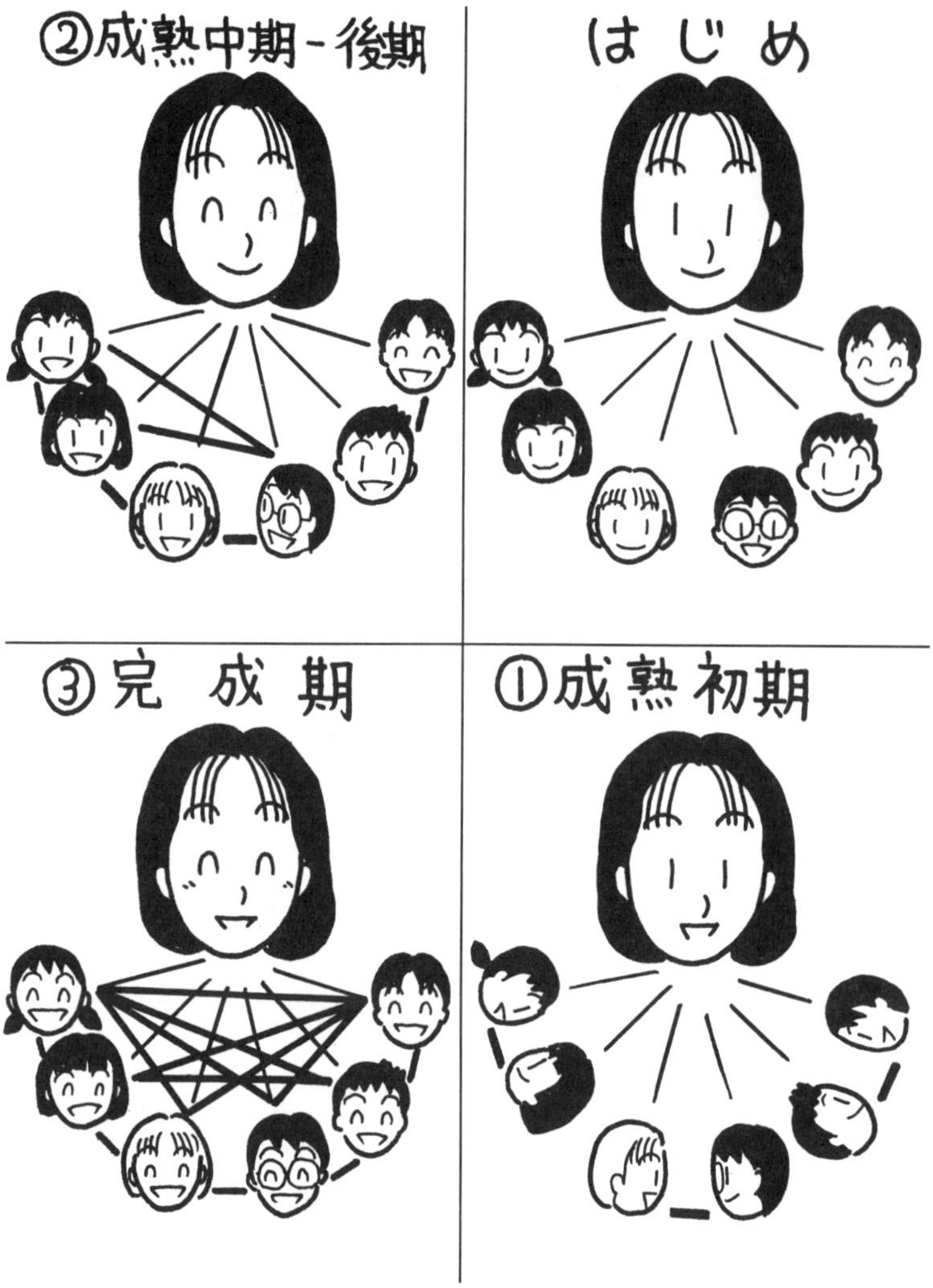

崩壊しない学級の育て方
――四月当初からの着実な歩みとは

どんなに学級が揺れようとも崩壊にいたらない条件は、「あの先生はあまり面白くないけれど、おれたちのこと好きなんだ、熱心なんだ」と、子どもと先生の心がつながっていることです。

一人一人の子どもを育てる理想の集団は、どうしたら育てることができるのでしょう。

学級の雰囲気

めざす学級を一言でいうと、先生による指導と援助が統合されていて、子どもたちにルールと人間関係が育っている学級です。

先生は、子ども一人一人の気持ちや適応に配慮する援助的な側面（第4章）を中心にかかわり、そのうえでしっかり指導しています。たとえ強くしかっても、揺るがない人間関係で結ばれていれば、「自分のためを思ってしかってくれた」と子どもたちは理解するのです。

現代の子どもたちには、援助と指導のバランスは、六対四くらいがいいようです。

指示をするときは、上から「○○をやりなさい」と命令口調で言うのではなく、やり方を詳しく説明してイメージをもたせます。こうして興味を引き出し、子どもたちがやってみようと思ったところで、さっと実行を促す言葉がけをするようにします。

注意するときも、先生が白黒つけてしかるのではなく、行動の意味を説明して自分からの反省を促したり、失敗を次に生かす方法を話し合わせたりします。

指示ついては第五章、注意については第六章で詳しく説明しています。

こんなふうに育成される

初めて顔を合わせた日から、一人一人と人間関係を結ぼうと先生が働きかけます。

意識的に全員に毎日声をかけたり、ことあるごとに自己開示したり、一人一人の話に耳を傾けたり、帰りにみんなと握手してさよならをしたりします。「先生、そのネクタイかっこいい」と、授業中に個人的な関係を求めてくる子にも、「そうか。実はプレゼントなんだ。けっこういいだろ?」と子ども心を発揮して応えていきます。

①成熟初期

次は子ども同士の関係をつなげます。これが、崩壊か成熟かの第一の分岐点です。

まずは座席のお隣さんを利用して、二人組を経験させます。「サケとサメ」のように二人でできるゲームや、教科書の読み合い、リコーダーの合奏など、協同学習を頻繁に取り入れます。

学級のルールは、子どもの人間関係が広がるにつれ徐々に確立していきます。居場所のある集団では、みんなと同じようにしようという同一化の意識が高まるからです。

また、子どもたちが自分で照らし合わせられるルールづくりを援助します。

さらに、学級の問題を全員に意識化させ、その解決方法を指導するなかで、ルールやマナーが集団生活をスムーズにすることを理解させます。最初は先生が指導し、徐々に子どもたちだけでできるよう援助します。

②成熟中期～後期

活動の単位を四人組に広げ、子ども同士の関係をつなげます。班でゲームやエンカウンターや協同学習をしたり、また全員が活躍できるよういろいろな活動を準備して、そのたびに認め合いを行い、いい子とダメな子に固定するのを防ぎます。

四人組が十分に体験できたら、それをまとめて十人程度の中集団を育てます。活動を選び、サッカーのチームや家庭科の実習班などでグループをつくります。

このときリーダー役が固定しないようにしたり、グループ内での役割分担の仕方を教えたりします。

③完成期

行事などを通して中集団をつなぎ、どの子どもも複数の子とつながっている状態をつくります。先生は、最後まで子どもたちと日常的な会話を楽しむ時間を確保します。リーダーシップをとりながらも、子どもとふつうのコミュニケーションがとれると、学級全体に強いつながりが生まれてきます。

こうなると自治のある学級になります。学級会で「先生が決めてください」というのではなく、「先生の意見を教えてください」と聞き、先生の「おれはこう思う」という意見を参考にして話を進めていくことができます。このような学級を一年間かけてじっくり育てます。

■学級を育成する方法

・人間関係の輪を段階的に広げる
・ルールは集団生活をスムーズにする
・先生は子どもと心の絆を結び続ける

学級を回復させる心がまえ

——先生を支える「ものの考え方」

今の子どもたちは、放っておくと、友達を広げたり、仲間で一緒に活動しようとする意欲や技術が乏しいままです。家庭や地域での集団体験が少ないからです。

今、学級では、子どもたちに集団体験をさせることが必要です。集団を体験すると次の七つが身についてきます。

①友人とのつきあい方を学ぶ
②集団生活のルールを学ぶ
③現実判断能力を学ぶ
④がまんすることを学ぶ
⑤仲間と心のふれあう喜びを体験し、自分の人生に前向きになる
⑥自分を確立する
⑦正義感や良心などの道徳心を学ぶ

子どもとのいい関係をつくる

彼らは、先生に言われるままに、考えたり行動したりはしません。その必要性に気づいて、初めてやってみるのです。

ですから学級経営も、先生が上から統率するのではなく、子どもといい関係を保ちつつ、子ども同士の人間関係づくりを援助することから始めます。

私は生まれついての怖い顔で、子どもを従わせるのは楽でした。三十代前半のころ、転任してすぐに六年生を担任しました。

四月のある日、男子数人が一人をほうきやモップの柄でつついていました。いじめられていた子もいじめていた子たちも、引継事項として注意を促されていた子どもたちでした。周りの子は、面白がって見ていたり、われ関せずの態度でした。

私は教室に入るなり「みんな座れっ！」と大きな声で怒鳴りました。全員がさっと座り、緊張して私の顔を見ていました。

「彼らはモップの棒で人をつっついていた。モップは人をつっつき合うためのものか。つっつき合うだけなら、いらんっ！」

子どもたちの見ている前で机を並べ、モップを五本まとめて置くと一気に折ってしまいました。実は私は空手の有段者です。

「みんな、いらんよなぁ」と言うと、子どもたちは黙って下を向くばかりでした。

「もし掃除に必要だと思う人がいたら、テープでとめておきなさい」と言うと、子どもたちはあわててつなぎ始めました。

その後、教室はピタっと静かになり、いじめや悪ふざけも目につかなくなりました。

しかし、子どもたちの心は育ったのでしょうか。毎年、卒業生から年賀状がきますが、その年の卒業生だけ少ないのをみると、今も考えさせられてしまうのです。

本当のリーダーシップ

これからは、子どもたちの中に入り、中からまとめることが必要です。中に入るとは、教師という役割以前に、一人の人間として子どもの前に立つということです。

ある日、女性の先輩教師に言われました。

「河村さんはバシッとやれるからいいね」

あいさつ半分のちょっとした愚痴だったのでしょう。たしかに、女性の先生は苦労が多いと思います。でも、これは上から管理的な指導をしなければうまくいかないという発想だと思いました。そして「自分を生かしてないなあ」と思いました。

私はかねてから、彼女の物語文の実践に感動していました。「川とノリオ」で最初に読み聞かせをするのですが、読んでいる彼女の目には涙が浮かび、鼻声になってしまうこともありました。子どもたちは食い入るように先生を見つめ聞いています。

先生の経験にもとづく人生観や想いが、教材を通して子どもたちに伝わっていったのでしょう。そのような思いを投げかけられる先生にも、それを受け止められる子どもたちにも胸を打たれました。私には、こうした素晴らしい授業はとうていできそうにない、とため息をついたものです。

自分のもつ土俵で自分らしく子どもとかかわっていくことは、豊かな教育につながるのだと思います。読者の方には、本書の理論や方法を、自分に合わせて活用していただきたいと思っています。

「子どもたちが一つでも多くのことを学び、楽しく充実した体験をより多くできるように」「子どもたちが今よりもベターな方向に向かうように」です。

比べるのは他の学級ではなく、昨日までの学級です。神ではない人間は、ザ・ベストをめざすのではなく、マイ・ベストをめざせばいいのです。

■崩壊に立ち向かう先生
- 子どもと先生のいい関係
- 自分の土俵で自分らしくかかわる
- 先生のマイ・ベストで

学級を回復させる理論

――技術のない愛は無力である……

今の子どもたちは、先生が自分の想いや教育方針をわかりやすく伝え、納得させることができなければついてきません。愛は伝わらなくては意味がない。伝えるには努力と伝える「すべ」が必要なのです。
　本書を支えている理論は、集団理論、グループセラピー、カウンセリング心理学、発達心理学などです。学級を回復させるためにカギとなる理論を説明します。

リレーションとルール

　学級崩壊は、まず学級の中の「リレーション」と「ルール」のどちらかが壊れ、最後には両方が崩れて起こります。よって学級回復の大原則は、この両者を学級の状態に合わせて計画的に修復していくことです。

●リレーション
　先生と子ども、子ども同士など、学級の中すべてのふれあいのある人間関係のこと。

●ルール
　共同で生活するうえでのトラブルを防ぐマナーのこと。子どもたちがそのルールの必要性を感じること、自分たちの考えも取り入れてつくられること、守るのに抵抗が少ないことが大切です。

ちょっとしたマニュアルのように、ほかの人とかかわるとき、このくらいのルールがあれば楽だと思える程度のものです。

学級経営の方針

学級は、先生の指導と子どもたちが影響し合って変化します。学級の状態と学級経営の方針はうまくマッチしていることが大切です。これを調整するのが本書の柱です。

学級の様子がおかしいなと感じたら、まず学級経営の方針や対応の仕方を検討し、修正してみます。先生が変わると、子どもたちも変わってくるからです。

本書では、指導と援助を統合するタイプの先生を理想とし、「指導的なタイプ」「援助的なタイプ」という観点でとらえます。

●指導的なタイプの先生

学習指導・生活指導ともに、到達目標まで全員に定着することを重視します。

●援助的なタイプの先生

学級内のあたたかな人間関係づくりと、一人一人の心理的な発達を重視します。

対応を修正するには、まず自分は指導と援助のどちらの側面が強いかを知り、その比率を検討します。そして、話し方、指示の出し方、注意の仕方などを修正します。

集団の心理

子どもは多数に流れます。少数派になるのが怖いのです。よいことでも悪いことでも、過半数になるとその集団に同調します。

たいていの学級では、まじめにやっている子が三割、集団をかき乱す子が一割、残りが様子見です。学級生活をのびのびとおくり、満足している子どもを過半数にできれば、様子見の子どもはついてきます。あとはわずかな援助で学級が回復します。特に、その中に一目おかれている子がいた場合は劇的に変わります。

例えば、何人かが、朝会なのに体育館に出てこないとします。そこにいるのが一人か二人の様子見の子どもだったら、「早くしなさい」で走って朝会に行くでしょう。

しかし、その場に七～八人いたら「おれだけじゃねえよ」となります。そこで、子どもたちに有無を言わさず、「準備が終わった子だけおいで」と連れて行くのです。するとほかの子は「おい、ちょっと待ってくれよ」となります。

育てるカウンセリング

本書の内容を支える最大の理論的背景は、國分康孝先生（日本カウンセリング学会理事長）が提唱する『育てるカウンセリング』です。それを学校現場に合うように翻訳すると、このようになります。

人は集団体験を通して人間的に成長する。したがって教師は、集団体験が活性化するように、子どもたちが集団体験の効果を享受できるように学級経営を行うことが、心の教育につながる。

■愛を伝えるための技術

・リレーションとルールを確立させる
・先生が学級経営方針を点検する
・指導的側面と援助的側面を統合する
・多い方につく集団心理を熟知する
・集団体験が一人一人の心を育てる

回復をサポートする手順
——筆者が相談にのるときを例に

1 傷ついた心のはけ口となる言葉を、評価せずに聞き続ける

崩壊に直面したら、だれでも気が動転し傷つきます。それを癒さなければ対応はできません。まずはつらい気持ちに十分耳を傾けます。最初は自分の正当性を主張し、周りを強く攻撃してしまいますが、それほどつらいのだと受容します。

2 自己否定を論理療法で論破する

今度は自分を厳しく責めてしまいます。これをうまく乗り越えないと、自信をなくし退職を選んでしまう場合もあります。自分を責める考えの代表は次のものです。「学級を崩壊させた私はダメ教師である」

しかし、このような考え方は論理的ではありません。それを論理的な思考にもどすことが、問題を冷静にみることにつながるのです。例えば、次のような具合です。

「学級を崩壊させた私はダメ教師である」

↓

「この学級に、現在私のとっている学級経営方針は合っていない」

↓

「何が合わないのかを考え、修正しよう」

「二十年も担任をしてきてこのような学級経営しかできない自分は教師失格である」

←

「今まで学級経営がうまくいっていたのは、自分の学級経営方針が今までの子どもに合っていたからだ。今うまくいかないのは、今の子どもたちにも、従来うまくいった方針で対応しているからだ」

←

「今の子どもに必要な対応方法を考え、従来のやり方を一部修正して学級経営をすればよい」「私には長い教職経験がある。コツさえわかれば対応できるはずだ」

3　自分を責めることから、行動を修正しようという方向に視点を向ける

ある程度癒され、落ち着きをとりもどしたら、具体的な対応に入る計画を立てます。

まず、学級の状態を客観的に把握し（本書や学級満足度尺度Ｑ－Ｕ）、それをもとに自分の学級経営のあり方を検討します。

4　具体的な目標に向け、やればできそうだという見通しをもたせる

崩壊の段階と残りの日数、担任が対応できる物理的な量と力量などから、取り組む期間とどこまでできるかを検討します。また、学級の目的地のイメージを確認します。

すると、月ごと、週ごとにやる量の目標が見えてきます。現状がスタートです。どれくらい向上したかを定期的に検討します。

5　具体的な対応の計画を立て、実行できるために練習をする

まず担任の対応が、指導と援助のどちらに偏って子どもたちに伝わっているのかを理解します。次に、いい点、修正すべき点を分類し整理します。観点は、①子どもたちとの関係のとり方、②話し方、③全体への指示の出し方、④注意の仕方、⑤授業の進め方、⑤規則の定着のさせ方などです。

いい点は、今後も意識して実行します。いっぽう修正すべき点については、修正した後の具体的な方法まで考えます。

そして、必要度の高い順番に整理し直し、担任の対応できる力量を考慮しながら、全体計画の中に位置づけていきます。

中でも②③④などは、授業や学級の活動に直接影響を与えます。これらは特に、一つ一つセリフでマニュアルをつくり、ロールプレイ方式で練習するようにします。

6　節目ごとに成果を確認して力づけ、４と５を繰り返せるように援助する

全体計画の中の区切りごとに、その効果を確認します。これには前述の尺度などを利用すると便利です。結果を確認することで、担任は不安を解消できます。

一つでもよくなっている点があれば、次への意欲につながります。あまり変化がなかったとしても、自分を責めずに原因を考え、次の期間から新たに修正して対応すればよいのです。いい結果がでなかったのは、先生がダメだからではなく、採用した方法が合わなかったからなのです。

私は、先生が心の安定を取り戻すまでカウンセリングしています。計画を立てて、具体的な対応ができるように励まし、そのための内容をアドバイスし、かつ、ロールプレイ方式で練習の相手になっています。

■学級回復を援助するポイント
- 受容し心を安定させる
- 自分自身を否定するのを防ぐ
- 対応を計画しリハーサルする

むずかしい学級のサポート

——未然に学校ぐるみで担任を支える

文部省の調査によると、学級崩壊の三割は「どのような先生が担任してもむずかしい場合だ」ということです。また、崩壊状態の先生にその原因を質問したところ（複数回答可）、半数の先生が、「特別な教育的配慮や支援を必要とする子どもがいる」ことをあげているそうです。

一斉指導がむずかしく個別対応の必要性が高い子どもに適切に対応できるかは、学級崩壊にいたる大きな要因といえます。例えば、知的な面、身体面、情緒面になんらかの障害をもっている、または可能性が考えられる子どもたち。家庭で基本的なしつけがなされておらず、社会性が著しく低い、反社会的な行動をする子どもたちです。

個別対応を多く必要とする子どもは、実は最も教育を必要とする子どもたちでしょう。彼らにできるだけ対応するためには、学校全体のシステムが不可欠です。

学校ぐるみで担任を支えるシステム

年度末の生徒指導や教育相談の全体会のとき、担任だけでは十分な対応がむずかしい子どもたちを取り上げ、学校全体としてどのように対応するのかを、事前に取り決めておくことが必要です。

　次にあげる三つの方法は、いくつかの学校で実施され、成果があがっています。

1教育相談など校務分掌の先生が支援する

・専門機関への相談、保護者との話し合いなどを部分的に代行し、担任の仕事量を減らす。
・子どもの実態の理解と具体的な対応にチームとして取り組み、担任の不安や焦りを減らす。
・問題に対する具体的な研修を計画し取り組む。学校外の研修に一緒に参加する。

2学年チームでサポートする

・学級編成を工夫する。
・合同の授業や活動を多くする。
・学年の中でも、小・中のグループでの取り組みを入れる。
・特定の授業を交換して実施する。
・学年保護者会を多めに実施する。
・保護者会では、個々が話しやすいように小グループで話す場面を設定し、保護者の雰囲気づくりをする。

3学校全体でサポートする

・担任の配置や校務分掌の組織を工夫する。
・空き時間の先生や管理職がTTで入る。
・専科の先生が給食を一緒に食べる（準備・片づけもサポートする）。
・該当する子どものための特製ドリルなどを分担して作成する。
・担任の校務分掌や持ち時間数を減らす。
・予測される状況に対応策を立てておく。
★多動な子どもが教室から飛び出し外へ行くかもしれない……空き時間の先生の何人かは必ず職員室で仕事をしながら待機する、職員室への連絡用に携帯電話を用意しておくなど
★感情の起伏の激しい子どもがパニックを起こすかもしれない……養護教諭や空き時間の教師が個別に保健室や相談室で対応するなど
・巡回相談員などの区や市の公的システムに学校で援助を依頼し、定期的にコンサルテーションをしてもらう

　むずかしい子どもを援助するたいへんさは、該当する子どもへの対応と、その子にかかわっているあいだに他の子どもへどう対応するかという二つの面があります。

　該当する子どもへの個別対応を静かに見守ったり、その間、与えられた問題に自主的に取り組める子どもが少ないのです。「先生はA子ばかりひいきしている」「先生はB男にだけ甘い」という幼稚な反応をしたり、先生が目の前にいないことをいいことに勝手なことをし始めます。

　学校全体として、この二点を全教師がしっかりと共通理解できるようにし、具体的対策を事前に立てておくことが大事です。

　学級が軌道に乗るまでは、長い時間と多くの対応を必要とします。担任の意欲を学校全体がサポートし、その努力を評価してあげることが、本当に必要なのです。「ここまでできれば、すばらしいわよ」という一言が、担任を救います。

　また、困難に直面した先生の戸惑いや不安をオープンに語れるスペースや機会も、学校内で準備したいものです。

■担任を支援する学校システム

・困難を予想し事前に対策を立てる
・個人と学級全体への対処の視点で
・精神的にも支える

むずかしい学級の担任術

―むずかしい子を抱える担任へ

ふだんにもまして集団を育てる

むずかしい子どもを抱えた担任をどの程度サポートできるかは、学校によって異なります。また、どんないいシステムがあっても、担任の学級経営はとても重要です。

教育力の育った学級では、周りの子がその子を理解して適切に対応できます。いい意味で、だんだんとむずかしい子どもが目立たなくなってきます。

教育力の育っていない学級では、子どもたちの人間関係がうまくいかなくなったり、学級内のルールが乱れたりと、その子の存在が、学級の教育力の低さを露呈させるきっかけとなってしまいます。

そこで、むずかしい子を抱える担任の先生は、本書で提案する学級を目標に、先手を打って柔軟に対応することです。次のことを行います。

- 放っておくと困難な状況に陥る問題を早期発見し、早期対応をする。
- 問題解決の方法を自分の中だけで探そうとせず、ほかの先生の援助を受けながら、より有効な対応をするよう心がける。

特に強調したいポイント

①「みんな違って、みんないい」の徹底

一人一人は平等に尊重される存在で、それぞれがもつ能力の種類や強さは違っていることを子どもたちに十分に理解させます。

・あいさつの習慣を定着させる
・すべての子どもにできるだけ多く言葉をかける
・人権を侵害する行為は毅然と指導する
・一人一人のよさを評価する多くのものさしを用意し、活躍できる場面を設定する
・一人一人それぞれに個性や癖があることを、ことあるごとに説明する
・得意な部分と苦手な部分の両方があることを、ことあるごとに説明する

②子どもたちを比較しない

子どもを評価する場合は、結果的にでも子ども同士を比較して、ほめたりしかったりしないように留意します。

・子どもの取組みは、結果よりも取り組んだ過程に注目し評価する
・現在の自分の取組みと、前の自分の取組みを比べて自己評価をさせる
・子ども同士で行う他者評価は、プラス面に注目させる

③ときどき不満を解消させる

学級生活で不満やストレスがたまってくると、それが特定の子どもに攻撃として向けられることがあります。個別対応が多く必要な子どもは、そのターゲットになる可能性があります。

意識的に学級内に仲のよい雰囲気をつくり、不満がたまってきたときにはそれを解消できるような取組みを行います。

・行事が続く緊張感が高い時期は、全員で遊んだりゲームをする時間を設ける
・読書感想を発表したり自分の気持ちを語るなど、自己表現の時間と場面を設ける

④同じにできないからとしからない

ほかの子どもと同じようにできない、集団から遅れてしまうということで、しからないように注意します。同じようにできない子は、そのことで劣等感をもちがちです。つらい気持ちをもっているのです。

・特定の子どもだけができない、それが周りの子どもたちに注目されてしまうという授業や活動の展開を避ける
・つらい気持ちを聞き、対応策を教える
・失敗したときの謝り方、その後の責任の取り方を繰り返し教え、定着させる

最大の秘訣は、今までのやり方で通用しないむずかしい子どもに、その子どもなりの学び方を教えることです。

そのうえで、むずかしい子どもへの対応と、ほかの子どもとの対応に一貫性をもたせるようにします。

最初は、担任にかなりの負担があると思います。しかし、一人一人の子どもの特性に応じてていねいに育成された学級には、高い教育力が生まれます。二学期ごろからは、かなり主体的に生活し、自分たちで問題を処理できるようになります。

学級にリレーションとルールが両立して、先生にもゆとりが生まれ始めます。

■むずかしい子を抱えた担任

・学級を育成してその子を包む
・四つのポイントを徹底する
・子どもから学ぶ気持ちで

知っておきたい二つの障害

——知らないと誤解しやすい子ども

担任が誤解しやすい子

障害がみられるわけでもないのにある教科が極端にできない、たえず落ち着きがなく集団行動ができない。こんな子どもたちは先生にしかられることが多いものです。

しかし、しかっても指導してもあまり変わらないとしたら……。

次の二つの障害がある可能性を考慮して、対応を見直す必要があります。原因は不明確な部分が多いのですが、専門機関のアドバイスを受けながら、その子どもに合った対応をする必要があるのです。

学習障害（ＬＤ）

知能の発達の全般的な遅れというよりも、部分的かつ特異的な遅れのため、周りの子どもや教師にも理解されにくいものです。

学習障害児に生じやすい困難さとしては、次の三つの面に注目する必要があります。

①学習面での困難

・読む、書く、あるいは算数の諸能力の習

得と使用に困難を示します。

・個人内の能力の発達に偏りがみられ、漢字はふつうに記憶しても、文章を書く能力が著しく低いなどの事例もあります。

・聞く、話す能力の障害で、教科学習に支障をきたします。

②生活面での困難

・社会性や対人関係を形成する技術の学習に困難を示し、良好な友人関係の形成に支障をきたします。

・注意力の障害で、自分の感情をコントロールすることに困難を示し、集団のルールを守ったり、集団の一員として行動することに支障をきたします。

③運動面での困難

・全身を連携させた運動がうまくできません。

統計的には、三十人前後の学級に一人は存在すると考えられますから、担任の日常観察が大切です。

注意欠陥多動障害（ＡＤＨＤ）

①基本的な理解

学習障害児の生活面での困難さと同様、落ち着きがない、気が散りやすい、突発的な行動をするなど、多動な状態がみられます。いすにじっとして座っていられない、教室から飛び出していってしまうなどと、自分の感情をコントロールできない子どもとして、先生から強く問題視されることが多いのです。

また、養育する保護者の人格障害、アルコール中毒、ヒステリーによる不安の喚起、両親の不仲による不安の喚起など、不安定な家庭状況が背景にあるという説もあります。

これらの子どもたちは、しかられ続けてきた場合が多いのです。しかられれば、子どもの心に不安が生まれ、不安になった子どもがよけい落ち着かなくなり、その落ち着きのなさが次のトラブルを生み、そしてまたしかられるという、悪循環を起こしやすくなります。学校でまたしかり続けても、問題解決にはいたりません。

②どう対応するのか

子どもの心を落ち着かせるために、しかるよりも、意識してほめるようにします。そのためには、できないことに注目するのではなく、できることに注目して少しでもほめることを発見していきます。その過程で、子どもの行動パターンが見えてくることもあります。

また、このような子どもは、二次障害として、友人関係がもてなかったり、集団から孤立したり、いじめの標的にされるという、社会的な不適応や情緒面の障害が起こりやすくなります。

この二次的障害だけは、何としても防ぐ対応が必要です。

ほかの子どもと同様、一般的な対応レベルでよいと判断している子どもの中にも、実は個別の計画的な援助を必要とする子どもがいるということを忘れてはなりません。

■誤解しやすい「むずかしい子」

・対応に困難を感じたら専門家に相談

・学習障害（ＬＤ）と注意欠陥多動障害（ＡＤＨＤ）の可能性

第 2 章
学級状態チェック

見てわかる，いま学級はどの段階か？

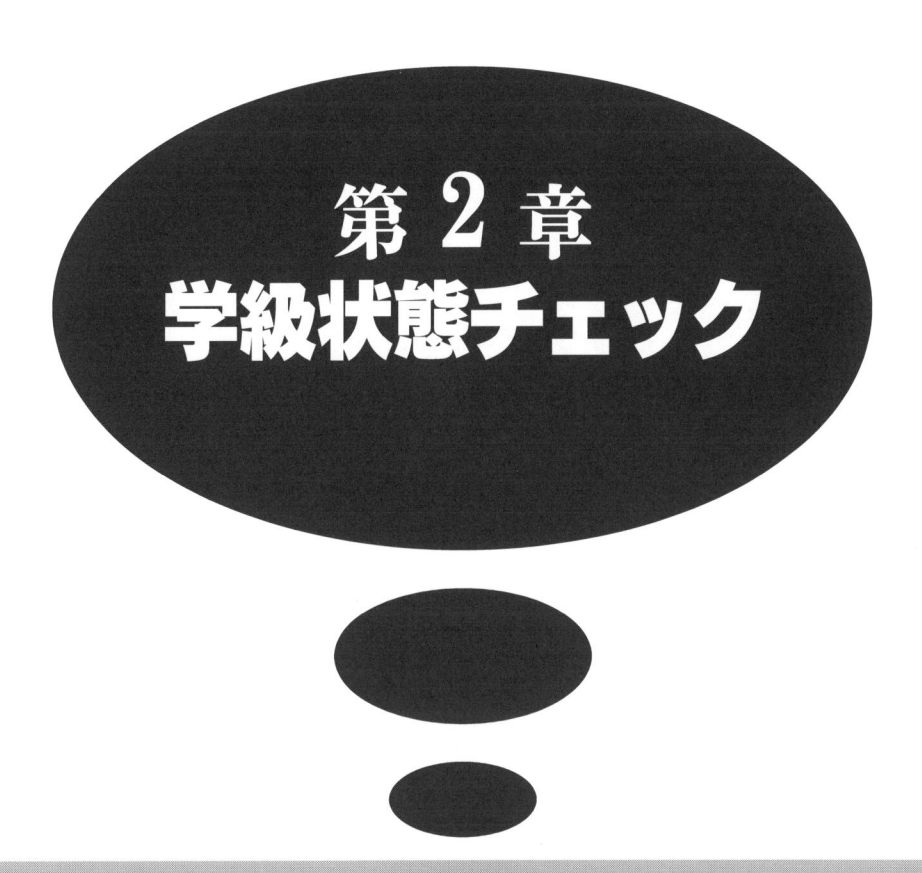

学級経営チェックシート

最近１か月を振り返って，どのくらい具体的に対応していますか。
あなたの状態に近い数字を○で囲んでみましょう。

	必ずそうしている	できるだけそうしている	気がついたときにそうしている	余裕があればそうしたいと思っている
①学級で行う活動の際は，学級委員や班長に協力してみんなで協力して行うように言葉がけをする	4	3	2	1
②授業中なども自分から冗談を言ったり，子どもの冗談にものっている	4	3	2	1
③授業や活動のときは，教師の話を聞く態度などにけじめをつけるよう子どもたちに言っている	4	3	2	1
④教科書の内容から少し離れても，子どもが興味を示した内容を授業に取り入れている	4	3	2	1
⑤漢字や計算練習などを持続的に努力するよう課題を与えている	4	3	2	1
⑥子どもがいろいろな人と関われるように班替えでは編成を工夫し，その班の仲間と仲よくなれるよう活動も設定している	4	3	2	1
⑦あいさつや公共物の使用の仕方など，基本的なしつけを行っている	4	3	2	1
⑧子ども一人一人の違い，存在が認められる場面を，授業や活動の中で時間を割いて設定している	4	3	2	1
⑨朝の会などで，学校や学級のきまりを守ることを伝え，破った子どもには注意をしている	4	3	2	1
⑩友達のつくり方，友達関係を維持していく方法などを，自分の経験をもとにして，子どもたちに話す時間を設定している	4	3	2	1

学級を回復させる手順

学級の状態によって回復の
手だてが違います。
荒れがどの程度なのか
本章で見極めてください。

1　学級経営タイプをチェックする

右の「学級経営チェックシート」に答え，集計してください。

自分が○をつけた数字が点数です。
①③⑤⑦⑨の合計点 → 指導得点
②④⑥⑧⑩の合計点 → 援助得点

指導得点＝　　　　　　　点

援助得点＝　　　　　　　点

指導タイプと援助タイプ，あなたはどっち？

指導タイプ（援助得点が16点以下）
援助タイプ（援助得点が17点以上）

自分は　　　　　　　タイプ

援助タイプで指導得点が13点以上 → 特にバランスのとれた学級経営をしやすいタイプ。
指導タイプで指導得点が17点以上 → 特に指導に強く偏りがち。
指導タイプで指導得点が11点以下 → 特に放任の傾向あり。

2　タイプ別に学級状態を見極める

指導タイプ → 反抗型（40，41，44ページ）へ
援助タイプ → なれあい型（42，43，44ページ）へ

学級の実態＝　　　　型　　　　期

3　回復のシナリオを把握する（３章）

学級の実態に応じた回復の手順が第３章に。学級が該当するページを見てください。

4　基本スキルを高める（４～６章）

子ども一人一人と学級を育てるための基本スキル。すべての先生がお読みください。

担任の援助的な面をスキルアップ → **第４章　心をつなぐ援助スキル（88ページ）**
担任の指導的な面をスキルアップ → **第５章　指示・指導のスキル（104ページ）**
第６章　注意の仕方・しかり方スキル（130ページ）

子どものやる気が落ちてきた

1．指導に対する反応が鈍く，なんとなくやる気のない雰囲気がある
2．授業中に手遊びをしている子どもが増え，１時間に２～３回は私語を注意する
3．質問に挙手して答える子どもが減り，一部の子どもだけになってきた
4．注意され，「ひいきだよな，○○もやっているのにさ」と舌打ちする子どもがでてきた
5．友達の失敗を笑ったり，休み時間などにけんかすることが増えてきた
6．係活動がいいかげんで，それを友達のせいにする
7．掃除などで，いやな仕事が一部の力の弱い子どもに押しつけられている
8．学級の鉛筆削りや学級文庫，給食台やゴミ箱などの公共物が乱雑になっている
9．教室に飾ってある遠足の写真や図工・習字の作品に，足跡やいたずらがある
10．仲のよい２～３人で固まり，学級活動などのグループづくりに時間がかかる

先生の指導に不満がたまり、学習や活動に対するやる気が低下しています。先生の指示に従わないのは、弱い反抗の始まりです。

先生は、学習指導と生活指導という限られた側面で子どもたちを評価する傾向があり、子ども同士に地位の階層ができやすくなっています。これは、弱い子がバカにされたり、いじめられたりするきっかけとなります。

子どもたちに友達関係が育っていないため、級友に学級生活のうっぷんを向けることが多く、けんかや言い争いが多くなります。

先生はこのような状態を、子どもたちが学級に慣れてだらしなくなってきたと感じ、今まで以上に強い指導や叱責を行う場合が多くなります。しかし、これまでに対するうっぷんが表出しているので、学級の状態はますます悪くなり、先生は子ども同士のトラブルの注意や、子どもを動かすために注意に追われます。

ここへ！
・対応の手順→P46
・対応策各種→P48
・基本スキル→P87～150

反抗型・崩壊中期の状態

トラブルが増え，ルールが崩れる

1．先生の指導に反抗する子が現れ，それを笑って見ている子どもが過半数いる
2．準備不足や私語，手遊びなどへの注意で授業の進行がひどく遅くなった
3．掃除がいいかげんでゴミが目立っている
4．友達の失敗や欠点をけなし，いい行動をすると冷やかされる雰囲気がでてきた
5．係活動を協力して取り組むということがなくなり，弱い子どもだけがやっている
6．学級の鉛筆削りやゴミ箱などの公共物が壊されて使えなくなっている
7．２～３人が固まった小グループ同士が対立し，先生の仲裁が効果を上げない
8．朝会のときの整列，理科室や音楽室に移動する列などがバラバラである
9．雨で体育が中止になり，ほかの授業を進めようとすると激しいブーイングが起こる
10．提出物，ノートや教科書，体操着などの忘れ物がとても多く，かつ悪びれない

先生の対応に子どもたちのうっぷんがかなりたまっています。それを発散するため、子ども同士で言い争いやけんかが続出するのです。学級内の人間関係がギスギスし緊張しています。

地位の階層が強くなり、力の強い子どものグループが、力の弱い子どものほか障害をもつ子などにも容赦なく攻撃するようになります。そして、先生に対しても力を誇示するように反抗し始めます。

残念ながら先生を弁護する子どもはほとんどなく、先生がやりこめられているのを見て喜んでいる子どものほうが多くなります。

学級内の人間関係が崩れ、先生の権威の象徴である学級のルールを破ることで反抗する子どもがでてきてます。こうなると、学級のルールが急激に崩れます。まじめな子は、反抗する子どもたちをしっかり指導できない先生に失望し始めます。

ここへ！
・対応の手順→P68
・対応策各種→P70
・基本スキル→P87～150

なれあい型・崩壊初期の状態

子どもがなれあい，ルールが崩れる

1．学級全体の活動への取り組みが遅く，やる気が落ちてくる
2．先生の注意を引くために，悪ふざけなどをする子どもが２～３割いる
3．私語が多くなり，先生が話していても，個人的な話題を子どもがはさんでくる
4．学級のルールが守れなくても，個人的に許してほしいと先生におもねる子どもが目立つ
5．公共物が出しっぱなし，使いっぱなしになっている
6．係活動や給食当番の仕事がだらしなくなってきた
7．先生が全体に説明した後に，何をやるのかもう一度聞く子どもが２割くらいいる
8．チャイムを守る，通学時に校帽をかぶるなどのマナーが乱れている子どもが増えてきた
9．２～３人の子どもが固まり，ヒソヒソ話をする場面が目だってきた
10．ほかの子どもやグループのことを先生に言いつけにくる子が増えた

先生が特例的にルール違反を許す場面があり、ルールが定着していません。ルールは先生が気分で決めるものという雰囲気があるので、有利になろうと先生に近づく子どもが増えます。同時に、先生の気の引こうと、ほかの子どもやグループのことを言いつけにくるという、子ども同士に引き下げの心理が生じてきます。

ルールが意識されない中では、子ども一人一人の責任感が低下し、複数で行う係活動や給食当番、公共物の使い方などに、崩壊の兆候がまっさきに現れてきます。

そして、自分の持ち物の管理もルーズになってきます。学習道具の忘れ物が増え、授業に臨む姿勢もだらしなくなります。

こうして学級生活全体になれあいムードが広がると、一見穏やかな雰囲気に見えても、子ども同士の人間関係は広がったり深まったりしないのです。

ここへ！
・対応の手順→P60
・対応策各種→P62
・基本スキル→P87～150

なれあい型・崩壊中期の状態

「ひいきだ」と反抗する子どもたち

1．注意すると「私たちだけ怒って，○○たちを怒らないのはひいきだ」と言って反抗する
2．先生の指示が，全体にいきわたらなくなる
3．授業への参加意欲が著しく低下し，私語や手紙の回し合いなどが目立ってくる
4．係活動が半分以上なされなくなってくる
5．かげ口を言う子どもが増え，仲間外れやグループ間の対立が目立ってくる
6．話す・聞くというマナーが守られず，子ども同士のけんかが増えてくる
7．注意しても朝会でなかなか整列できず，専科授業でもだらしない雰囲気が目だってくる
8．公共物が壊され使い物にならない状態のものが目だち，教室も汚れてくる
9．教科書等がいろいろなところに置き忘れられている
10．子どもたちのやる気のなさや注意散漫で，授業の進度が著しく低下する

学級のルールが崩れ、先生に対する信頼も低下しています。バラバラで生活する不安から子どもたちは仲のよい者同士がグループをつくり、常に一緒に行動しようとします。そして、グループの団結をはかるために、仲間外れの子をつくったり、他のグループとさかんに対立するようになります。

席順も班も好きな者同士がいいと主張し、学級全体の活動にブレーキがかかってしまいます。しかし子どもの要求を入れて、仲のよい者同士でグループをつくっても、活動の成果はあがりません。お互いを高め合うグループではなく、不安から身を守るためのグループになってしまうからです。ほかの子からの攻撃を怖がり、リーダーシップをとったり目だつことを避ける子が増えます。

ここで強くしかっても後の祭りです。子どもたちは先生をなめており、しかっても学級は徐々に混沌とした状態になってきます。

ここへ!
・対応の手順→P68
・対応策各種→P70
・基本スキル→P87~150

先生無視，刹那的で享楽的な学級

1. 先生を無視し，勝手な行動をとる子どもたちに，学級は烏合の衆と化す
2. 先生に反抗するときにだけ団結し，先生を追い込む
3. 子ども同士やグループ同士のトラブルが噴出し，まじめな子がいじめられる
4. 教室は生活ゴミとわざと散らかしたゴミが散乱し，掲示物や公共物はボロボロになっている
5. 授業は成立せず，子どもたちはトランプや漫画本などでその時間を過ごしている
6. 学級のルールは無視され，係活動も停止している
7. 給食は力の強い順番にとり，勝手にどんどん食べている
8. 黒板や机に「○○死ね」などと彫ってあったり，マジックでいたずら書きがしてある
9. 子どもたちは憑かれたように刹那的で享楽的な行動や態度をとる
10. 学級の外でも同じ態度で，ほかの先生にも反抗する

人間関係とルールが崩れ、学級はもはや烏合の衆となっています。

子どもたちは、言いようのないイラだちと、いつ自分が攻撃されるかわからない不安に緊張しています。それを発散するために学級内の器物や友達を攻撃するのです。けんかやいじめがいつでもどこでも起こり、気の弱い子どもは不登校になります。そして、この状態をなんとかできない先生を強く憎み、激しく攻撃するようになります。教師いじめの状態です。

学級外の活動にも影響し、そうなると学校全体の問題にもなります。このときに初めて全教員で共通理解をする会が催されますが、もう有効な手段は打つことができず、教師がチームとなって、子どもたちを押さえるしかありません。

だからといって勝手放題をしていても、子どもたちは心から楽しいわけではなく、傷ついており学級から出たがっているのです。

ここへ！
・対応の手順→P76
・対応策各種→P80
・基本スキル→P87～150

第3章
学級回復マニュアル

回復に何が必要なのか？　実際どう進めるのか？

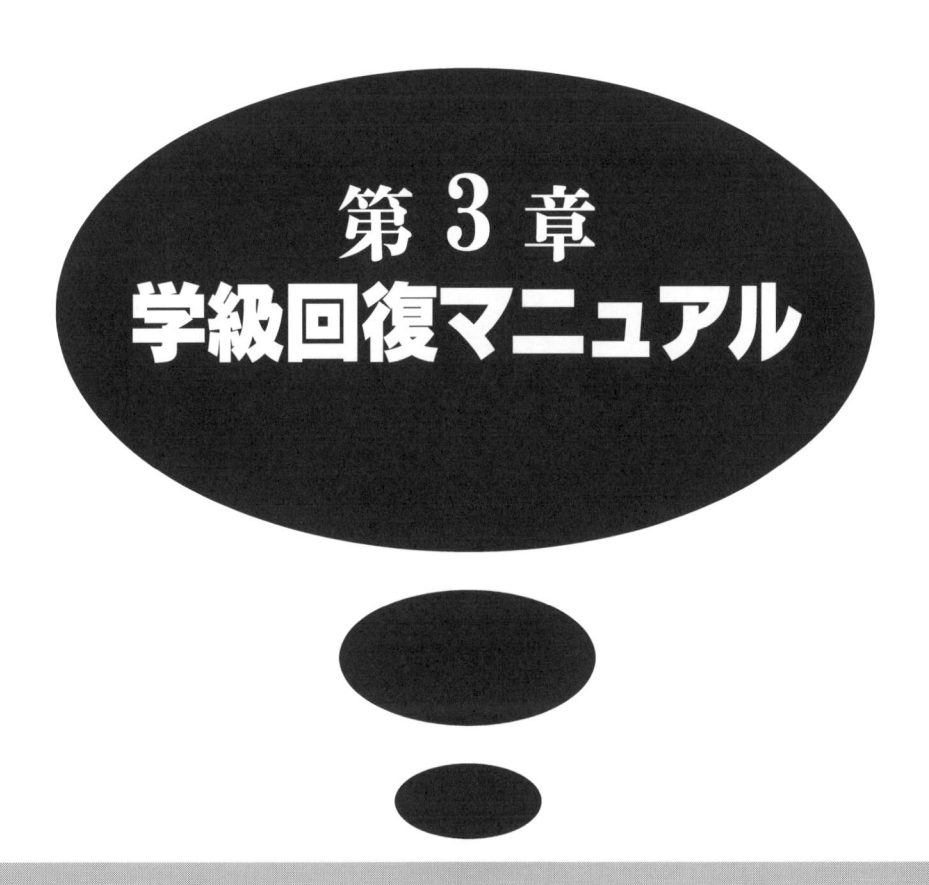

回復のシナリオⅠ

反抗型・初期

不満を発散させ、いい人間関係をつくる

■学級の課題

子どもたちは先生の「指導的な」対応に従いつつも、うっぷんがたまっています。不満が子ども同士のけんかを生み、学級に緊張感をもたらすのです。

まずうっぷんを発散させるため、ゲームや遊びを集中的に実施します。担任や級友に対するイメージがプラスになるように、楽しい体験をさせるのです。同時に先生の対応を修正していきます。

1 ゲームや遊び

ルールが簡単で何回でも楽しめるゲームや遊びを繰り返します。先生と子ども、子ども同士の緊張をほぐし、いい関係をつくります。

○留意点

先生も子どもと一緒に楽しむようにします。教師役割を棚上げして童心に返るのです。ルールの簡単なゲームなら強い指導はいりません。これまでどおりの指導をすると無意味です。要注意。

○展開

最初は、友達への不安を気にせず参加できる**王様じゃんけん**や**サケとサメ**、**なんでもバスケット**のようなものを繰り返します。

そして友達とかかわるテレや抵抗が見られなくなってきたら、グループ単位で動く**三角オニ**や、学級全体でできる**団結くずし**などを行います。こうして発散型のゲームをみんなで楽しめるようになったころには、先生や友達に対する構えがだいぶとれてきます。

2 指示や注意・話し方を変える

先生の言うことを素直に聞かなくなってきた子どもたちを、さらに強く指導すると、崩壊が進みます。子どもたちがますます不満をもつからです。しかしこのままでは、いっそう強く指導したり叱責しなければ、担任がリーダーシップを発揮できません。

そこで、強さではなく、指導の方法や調子を変えるようにします。

○指示の仕方

指示の口調が、どちらかというと命令調だったのを、行動を促す調子に変えます。「やってみようよ」という具合です。

指示の内容としては、なぜやる必要があるのかを示し、やりたくなる工夫を施します。「先生の指示には無条件で従わなければならない」という前提に頼らない指示を工夫するのです。

五章にあるものをできるものから実行してみてください。そうすることで関係が変化し、子どもたちはまた動き始めます。

○注意の仕方

注意をするときの基本形を

①まず子どもの言い分を聞き

②今後の行動をアドバイスする

というスタイルに変えます。

ポイントは、子どもの人格や性格までしかるのではなく、行動に焦点を絞ること。そして、どうしたらよいのかと未来志向にすること。言い分を聞いてもらったうえでの注意なら子どもも納得します。

どう話を聞くのか、しかるのかは六章を参考にしてください。

○話し方

休み時間などは、なるべく教師役割を棚上げして、子どものおしゃべりにつきあうようにします。そうすることで子どもは先生に親しみをもち始め、先生と子どもの人間関係ができていきます。

反抗型の崩壊は、先生への不満が背景にあります。なので、まず先生と子どもたちの関係をチェンジすることに徹するのです。

３　授業の展開を変える

授業の定番の展開、**教科書を読む→説明し板書→写させる→練習問題をやらせる**に変化をもたせます。具体的には、

- **グループごとで読みの練習**
- **調べ学習**
- **いいところをほめ合う**
- **参加型の活動**

などを展開に導入します。場合によっては突発的に投入します。

学習の定着も大事ですが、この状態では子どもが「面白そうだな」「やってみたいな」と思うことのほうがより大切です。やらされる授業でなく、自分からやる授業に転換するのです。

４　子ども一人一人への配慮

先生と子ども一人一人が直接つながる人間関係のパイプをつくります。実は、1～3の取組みを通してすでに実施しています。

パイプを強めるには、先生と子どもたちの交換日記が有効です。子どもから書いてこなくても、先生が書いて渡してもよいのです。先生とつながっているという感じを子どもにもたせます。四章の前半を参考にしてください。

なお、この段階が完了したら、本来の学級育成を進めていきます（二十二ページ参照）。目安は、子どもたちだけの状態で、けんかやいじめが起こらないことです。

エンカウンターのエクササイズは、この状態になってから取り組むようにします。

回復のシナリオⅠ

１　ゲームや遊び（48～53P）

- 不満を発散させ、教師や友達との人間関係を深める
- 教師と子どもの関係づくり
- 子ども同士の関係づくり
- 学級集団全体の関係づくり

２　指示と注意・話し方を変える（4～6章）

- 子どもに抵抗を生じさせない方法
- 教師役割の棚上げと自己開示

３　授業の展開を変える（54～59P）

- ワンパターンからの脱出
- 学ぶ面白さの視点
- 認められる場面の設定

４　子ども一人一人への配慮（4章・75P）

- のんびりおしゃべりをする
- 子どものユニークな面を知る
- 交換日記など心のパイプをもつ

1
先生とみんなでジャンケンだ！
2
一回勝つと立ち上がる
勝った！
3
二回勝つと出口に行く
勝った！
4
三回勝つと帰れる
勝った！
さようなら。

王様じゃんけん

帰りの会
授業の終わり

■コツ

講義ばかり続く日の気分転換，席替えの直後はよい機会。いろいろなゲームをランダムに実施するから面白い。同じゲームをワンパターンに繰り返さない。飽きさせないためには，①出し惜しみする，②変化をもたせる。

先生のことば（●）と児童の様子（☆）

【導入（帰りの会）】

●帰り方を工夫してみようか。先生，この前ほかのクラスで習ってきたんだ。時間があるから面白い帰り方をしてみよう。――提案する

【アレンジ：授業の最後（20分休み前の授業ラスト10分）】

●みんなが早くできたから，授業はここまでで終わり。ぱっと休み時間にしよう。ゲームをして先生に勝った人から休み時間だよ。

※休み時間は数分の差しかないが，ちょっとの差がうれしい。

【展開】

●先生一人とみんながじゃんけんをするよ。勝ったら最初は「立つ」。次に勝ったら「ドアまでいける」。3回勝ったら最後は「帰っていい（遊びに行っていい）」よ。あいこと負けた人は動けないよ。負けても戻らない。その場所でまたじゃんけんするよ。

●１回練習してみようか。先生の声が聞こえないから，みんな静かに聞くんだよ。――じゃんけんの構えをして間を取る。

●じゃーん，けーん，ぽん！　（大きな声でたっぷりと）

●勝った人！　負けた人！　あいこだった人！　よくわからない人！

――それぞれ手をあげさせる。

●よし。じゃあ本番いくよ。じゃーん，けーん，ぽん！（以下同様）

ポイント

●回復をめざして初めて取り組む場合も，「先生が悪かった」などとやらずにさっとゲームに入ったほうがいい。

●とまどいも３〜４回で消える。

●「今日はみんな早くできたね」と始めると勢いがつく。

●１回勝っただけで出ていくのでは盛り上がらない。長すぎると勝てない子がいやになる。３段階くらいが適当。時間によって増減すればよい。

【日直による王様じゃんけん】

●「日直は仕事もいっぱいあるけれど，王様になる権利もあるんだよ」と先生の代わりをさせる。最後は戸締まりをして帰らせる。王冠は必須。

■ウォーミングアップ：あと出しジャンケン　５分よけいに時間を使えるとき

●先生とあいこになる練習をしよう。同じものを出すんだよ。ジャンケン・ポン・ポン。

（先生は同じものを２回出す。子どもたちは２回目のときには同じものが出せるように）

●今度は先生に勝ってみて。ジャンケン・ポン・ポン。（トレーニングして王様ジャンケンにつなぐ）

ゲームや遊び

サケとサメ

いつでも

■コツ

席替え直後や授業に変化をもたせたいときに。身体接触して攻撃性を発揮するので，ルールの徹底が必要。先生はあらかじめ進行を練習しておいて，徹底的に場を盛り上げる。

先生のことば（●）と児童の様子（☆）	ポイント
●よ〜し。「サケとサメ」やるぞ〜。　☆エー，何それー！	
●まずね，となりの人と机を向かい合わせにくっつけて，そして向かい合ってイスに座るんだ。	●前後の人でやってもよい。
●机のつなぎ目の線がセンターライン。２人の真ん中だよ。その線を踏むように右手を静かにおくんだ。相手の右手と並ぶようにね。左手は机の端をつかんでおくよ。	●だいたい真ん中ならよい。 ●左手で机をつかむのは，必要以上に逃げないため。
●さて，準備は完了。最後にサケの子とサメの子を決めるよ。廊下側の子をサケ，校庭側の子をサメにしよう。じゃあサケ，右手をあげて。じゃあサメ，右手をあげて。	
●これから先生が,「さ，さ，さ，さ」に続けてどちらかを呼ぶよ。もし「サケ」と呼ばれたら，サケがサメの手を平手でパチっと叩く。「サメ」と呼ばれたら逆ね。叩かれる方は手を引いて逃げるんだよ。	
●約束が３つあります。①最初の手の位置を守ること。②叩くときは平手で，相手の手の甲を叩く。グーはダメ。③フライング，間違い，ルール違反のときはしっぺでお返しする，です。	●ジェスチャーつきで説明する。 ●全部初めに決めておくと、トラブルが回避できる。
●じゃあ行くよ。さ〜さ〜さ〜さ〜，サメ！　☆うわあー！	
【終わり方……時間が近づいたら】	
●あと〇回やるよー。　☆えーっ，うそー！	●盛り上がっているときに切ることで、またやりたいという気持ちを残すことができる。
●最後の１回。さ，さ，さ，さ……。	

■盛り上げ方

- 最初：「さ」の数を４回程度にして，テンポよく繰り返す。
- 中盤：徐々に「さ」の数を長くして，じらす。
- 後半：「さ」の数をランダムに。
- 慣れてきたら，ときどき違う魚（サバ，サンマなど）を混ぜる。

なんでもバスケット

体育で

■コツ

学級開きにはうってつけ。学活や体育のときに1時間かけて行う。体育が雨でつぶれてイライラしているときもよい。早めに体育館を押さえておき，先生も子どもたちと一緒にワイワイやる。

先生のことば(●)と児童の様子(☆)	ポイント
■準備……体育館に人数分のイスを丸く並べ，真ん中にマットを敷く。	●回復の手当に取り入れるなら，体育館でやるほうがよい。
●何でもバスケットをやるよ。やり方はね，真ん中のオニが「○○な人」と言ったら，それにあてはまる人は全員，いったんマットにお尻をつけてから違う席に移動すんだ。そしてイスに座れなかった人がオニになるんだよ。	●体育館にある用具を使い，できるだけ準備に時間がかからないよう段取りをする。
●ルールがあるよ。オニになりたくてわざと負ける子がいるけど，そういうのはつまらないよね。それはなし。そして5回オニになったらオニの部屋で3回休み。オニの部屋はあそこね。あと，オニの言った条件にあてはまるかどうかは，自分がそう感じればいいことにしよう。「赤い服を着ている人」と言われて，少しピンクっぽくても自分が赤だと思えばOKだ。	●オニの部屋を輪の外につくっておく。 ●盛り下がってしまう要因は，あらかじめ「こういうのつまらないよね」と指摘しておく。
●前やったとき，「黄色い物を身につけている人」と言われて動いた子は，黄色を身につけていなかった。それでどうしたんだって聞いたら「パンツに黄色がある」って。こんなこともあったよ。	
●初めは先生がオニになって始めるよ。○○な人！　☆うわあー！	●正味25分程度は，とどまることなく続く。

■テーマについて

・オニの言うテーマは，表面的で目に見える特徴（○○を着ている人）から，内面的で目に見えない特徴（○○が好きな人）へと自然に移行する。

・最初，オニがうまく言えないときは，話題に枠を与える。例えば，「好きなものシリーズだよ」「テレビシリーズだ」「学校の中のことで，ほかの人は知らない自分のこと（例えば給食のあげパン好きな人）を探して言おう」という具合。

ゲームや遊び

三角オニ
（ぐう・ちょき・ぱー）

体育や学活で

■コツ
体育の時間に何度かやるとよい。慣れたら学活などで急に行うこともできる。楽しく遊べるルールを子どもたちに工夫させてもよい。

先生のことば（●）と児童の様子（☆）	ポイント
■準備……校庭に陣地を３つつくる。一つの陣地は直径５ｍほどの円。 **■用具**……①バレーボール３個。②人数分の紅白帽か色ゼッケン３種類。 ●今日は面白いゲームで，思いっきり走り回るよ。 ・学級を３つに分け，帽子かゼッケンでチームがわかるようにする。 ・グー・チョキ・パーのチームを決める（代表がじゃんけん）。 ・それぞれのチームに宝物（ボール）を授与する。 ・陣地を決めて１つずつ確認。	●陣地は，朝礼台と２つのサッカーゴールを基準に三角形をつくるよう配置する。 ●チームごとにまとまり，三角の状態で先生の周りに集まる。
●宝物は自分の陣地の中に置きます。自分より強いチームの宝物を取ったチームが勝ちだよ。グーだったらパーの宝を取るんだね。ただし，強いチームは弱いチームの人をタッチして捕まえることができる。パーチームはグーの人をつかまえて自分の宝を守るというわけ。つかまえたら手をつないで自分の陣地に連れて行くよ。	●先生が体を動かしデモンストレーションしながら説明する。
●捕虜になったら，敵陣地の捕虜置き場に立ってどんどん手をつないでいくよ。味方がそのだれかにタッチしてくれたら捕虜は全員解放だ。 ●どこかが宝を取ったら終わり。時間切れなら捕虜の数で決めるよ。 ●細かいルールだけど，捕虜を連れていく間は敵につかまらない。それがわかるように手をつないで連れて行くんだ。あと，捕虜が逃げる瞬間は捕まえてもOK。宝物の場所と捕虜置き場は相談して決めるよ。	●最初にルールをきっちり確認する。「こんなことしたら白けるよね」とあらかじめ言う。白けることや全体の雰囲気を壊すことをあとから言っては，さらに白けてしまう。
●じゃあ，チームで宝物置き場と捕虜置き場を相談しよう。 ●10分勝負でいくよ。よーい，ピー！　☆うわあー！	●実際はなかなか終わらない。時間を必ず決めておく。
●あと５分だよー。	●終わりが近づいたら知らせる。

■ルールの見直しについて　　改善する
守り方のルールは，一度やってから相談して決めるとよい。自分の陣地ばかりに多く残っていてはつまらない。高学年は動くのを面倒がって自陣地から出なくなることもある。そこで「自分の陣地にいれるのは２０数える間まで」「同時に自陣地にいられるのは○人まで」など細かいルールを決める。

団結くずし

体育で

■コツ

体育で行う。テレや恥ずかしさの段階に応じて班を工夫する。子どもたちの様子にユーモラスなコメントをつけられるとなおよい。

先生のことば(●)と児童の様子(☆)	ポイント
■準備……マット（相撲マットか，細長いものを2つ合わせて正方形に）	●体育館で行う。
●今日は思いっきりみんなの団結を試すゲームをするよ。	
●まず，男子，女子それぞれ2つの班に分かれよう。	●最初から男女で混ざることができるクラスもある。
●男子で見本を見せるよ。男子のこっちの班はマットの上に背中合わせで輪になって座ってごらん。そのとき，となりの人と腕をしっかり組むんだよ。しっかり組めたかな。次は男子のもう一つの班が，この輪をぐるっと囲むんだ。いまから先生がピーッと笛を吹く。そうしたら，いま立っている男子は，座っている男子の足を持って，マットの線の外まで引き抜くんだ。座っている男子は，引き抜かれないようにしっかり団結するんだよ。団結が切れたらあっという間に負けてしまうよ。じゃあちょっとだけやってみよう。準備はいいかい。用意，ピーッ！	●初めてのときは，デモンストレーションしながら説明する。 ●細かいルールについては，この時点で説明してもよい。
●（一人が引き抜かれたり，危険なことがあったり，20秒程たったら）ピーッ，終了！　団結がなかなか強かったね。気がついたと思うけど，ちょっと危ないこともあるからルールを加えておくよ。足で人をけってはいけない。度を超えた乱暴もダメだよ。ルール違反は先生が笛を吹くから，そのときは退場だよ。あと，団結できなくてだれかがはずれたり，全員で団結できなければ負けだよ。初めから団結の輪が崩れているからね。	●よかったところに一言ふれて説明に入る。 ●1か所でやる。他の人が楽しそうに団結している姿も見せるのも大事。
●じゃあ，本番いこう。女子は最初，見学だよ。男子のさっきと逆の班が団結して。準備はいいかい？　時間は1分間。用意，ピーッ！	●輪からはずれている子を見つけ，毎日の対応でフォロー。

■展開のバリエーション

・男子 vs 男子，女子 vs 女子→男子 vs 女子→男女混合と，徐々に男女を混ぜていく。
・慣れたら，テーマを与えてグループを分ける。例えば，ドラえもんのジャイアンが好きか，スネ夫が好きかなど。いずれも，組める相手を無理なく少しずつ広げていく。そのうち，だれとでもがっちり組むようになってくる。

ゲームや遊びのコツ

ここに紹介したゲームは、やり方さえ飲み込めばどんな子どもたちも楽しく参加できるものです。私が最も活用したゲームで、これらを上手にリードしさえすれば、堅かった学級の雰囲気がほどけ、先生と子どものいい関係が戻ってきます。以下、コツを説明します。

■ゲームの順番を守る

これらのゲームには、「①集団に不安があっても気にせず参加できるもの」と「②集団活動を基本とするもの」があります。十分に前者をやった後で後者に進みます。

①第一段階……王様じゃんけん・サケとサメ・何でもバスケット

②第二段階……三角オニ・団結くずし

■身体接触のトラブルに対処する

サケとサメ・団結くずしは、身体接触がメインで、攻撃性を発揮する発散型のゲームです。当然ケンカになる可能性もあります。そのときは先生が素早く割って入り、止めるようにしてください。

ある先生の実践では、トラブルになって泣きだした子がいました。そこで、「見ていなさい」と子どもを制したところ、その子はやりたくて「いやだ」と言って泣きながら参加したこともあったそうです。

もう一つの留意点は、前もってルールを決めておくことです。

■トラブルへの準備を整える

前述のようにトラブルが予想される点は、前もってルールにして予防します。例えばサケとサメでは、「叩くのは手の甲だけだよ。逃げるからといって腕の方までねらってはいけないよ」とか「叩くときは平手で叩くこと。グーはなし。叩かれたら痛いし、はずしたときは自分もすごく痛いよ」と言っておきます。

また、楽しいはずのゲームが盛り下がってしまう行動も、あらかじめルールとして決めたり、「こんなことは盛り下がっちゃうよね」と指摘しておきます。何でもバスケットを低学年でやるときなど、オニになりたくてわざとイスに座らない子がいます。そこで、初めから「わざとオニになろうとする子がいるけど、白けちゃうよね」と言ってペナルティーを決めておくのです。

■先生にも練習が必要

お気づきのように、①ゲームへの取りかかり、②わかりやすい説明、③盛り上げ方はある程度の技能が必要です。本書ではできるだけ詳しく説明しましたが、できれば練習されることをお勧めします。サケとサメのコールの仕方なども、学年の先生や家族の協力を得て呼吸を実感してほしいものです。

ところで、そのコツは子どもたちの様子をよく見ること、それに合わせたコールの仕方をすることです。うまくいったなら、先生の一言に子どもたちは全身で反応するでしょう。

■準備でハードルを高くしない

せっかくの何でもバスケットも、机イスの移動に時間がかかるようでは雰囲気が悪くなります。子どもたちがスムーズに動かないのが崩壊の初期。できるだけ簡単にサッと入るものを選びます。

いい取組みをほめ合う

いいとこさがし

■いつやるか

1時間ごとでも1単元ごとでもいい。実験や資料を読んで考える場面など，交流があったり大きく動いた授業でやる。発展性のないもの，自分とのつながりが薄い内容ではやらない。

授業の展開を変えるとは、単調にならない授業展開、つまり参加型の活動を伴う授業展開を差しはさむことです。子どもたちにとって、座って受け身で聞くのは一番つらい授業です。自分も参加している、一つのファクターになっていると実感できることが大切です。

その一つが、グループのメンバーの取組みを見て、がんばっていたなと思うところをほめ合う作業です。大きな実験や調べ学習など、一緒に作業した時間の終わりに行います。この場合はカードに書かせ、何枚書いてもよいことにします。

■進め方

一時間程度のスパンで行うときは口で言い合います。いっぽう行事などの長いスパンのときや、この取組みに慣れていないときは書かせるようにします。友達に書いてもらったものをもらうのはうれしいものです。台紙を工夫すると効果はいっそうです。

①口で言い合う場合

「この授業で感じた、班の人のいいところをお互いに言ってあげましょう。相手の具体的な行動や態度を取り上げるんだよ。それを見て、自分はどう思ったのか気持ちをつけ加えてください」。

> がんばっていたのは＿＿＿君・さんだと思いました。
> なぜなら＿＿＿だからです。
> それを見て、私は＿＿＿君は＿＿＿と思いました。
> 名前

②カードに書く場合

右のカードのように、三行目（感情）を加えるのは発展形です。最初は前の二行で十分です。

ポイントは、アイメッセージになっていることです。絶対的な善悪の判断でなく、自分が感じたということを伝えます。

書き終えたらあて名の人に渡します。うまくいかなければ先生が回収して、一人分ずつまとめて書き直したものを戻します。

■効果

いいところをほめ合うと、「自分のがんばっていることをほかの人も見ているんだ」ということに気づきます。そして「相手のいいところも見よう」という形で授業に参加するようになります。クラスで学習する意味はここにあるのです。

またこれを続けると、友達のどんなところを見ればいいかがわかってきて、「こうすれば友達からいいと思われるんだ」という行動が定着します。先生からこうしなさいと言わなくても、自然とやるようになるのです。このように授業をモデリングの場にしてしまうことが大切です。

ところで、単元の最初にやれば、授業への意欲がわいてきます。最後にやれば、「がんばってよかったなあ」と思え、自己評価・他者評価が高まります。単元の前か後ろの、どちらかには入れたいものです。

授業の展開を変える

■先生が参加する場合

①目につきにくいがんばりを取り上げる

友達の何を見ればいいのかは、先生が一緒に参加してモデルを示します。目立つ活躍は子どもたちが取り上げるので、先生は地味な取組みを取り上げるようにします。目につかないがんばり、子どもが気づかないがんばりを取り上げてあげるのです。

子ども　「今日は、○君ががんばったと思いました。なぜなら、ドッジボールで紅組の子を三人も当てたからです」

先生　「今日は、△君ががんばったと思いました。なぜなら、みんなが盛り上がって帰ってしまったあとで、散らかっていたボールをちゃんと片づけてくれたからです」

②子どもの気持ちを伝えてあげる

最近の子どもは人の気持ちを察することができません。「この子は、きっとこういう気持ちでやってくれたんだな」と思ったら、先生がそれを取り上げてほかの子どもに伝えてあげるようにします。

先生　「グループに分かれるとき、○子ちゃんは、うまく入れない子のためにさっとすき間を開けてくれていたよね。先生だったらとってもうれしいな。それが、とてもよかったと思いました」

●ふだんの帰りの会では

・学級の鉛筆削りが汚くなっていたのをきれいにしてくれた
・落ちていたゴミを拾ってくれた
・牛乳をこぼしたのを雑巾もってきてさっとふいてくれた

○ポイント

・最初に先生がモデルを示す

どの形で行うにも、初めに先生がモデルを示します。「例えば先生はこういうふうに感じたよ。今ばーっと見ていたんだけど、○君のこんなところがいいと感じたな。」「△さんはこんなところがいいと感じたな。なぜなら、こういう態度をとったからだよ」という具合です。初めから全員について言える必要はありません。この活動を通じて、先生もだんだん自然に言えるようになってくるのです。

・先生の言うことを聞いたことをほめない

気をつけたいのは、「先生の言いつけを守った子」をほめる場には決してしないことです。取り上げるのは、前述の①地味な行いと、②みんなのためを考えた行動の気持ちを代弁することです。慣れないうちは取り組みやすい時間から始めるのがいいでしょう。体育、係活動、教室の美化などです。

・点数稼ぎと思われるのを防ぐ

先生の言い方にも、できればひと工夫を加えたいものです。「○○したからすごい」という言い方をすると、子どもが点数稼ぎをしたように思われることがあります。そこで、「もしかすると、いいこぶりっこに思われるかもしれないのに、汚いからやろうという気持ちでさっとふいてくれたのはすごいな。先生だったら、みんなからいいこぶりっこに思われるのがイヤで、できないかも知れないな」と言ってあげるようにします。

・子どもをじっくり見る

先生には、よきにつけ悪しきにつけ目立つところから子どもを見る癖があります。じっくりと、子どもの目立たないところを意識して見る必要があります。

おばけの話

十八番の話題を披露する

■いつやるか

予定の内容が早く終わって時間をもて余したとき。
子どもたちが授業に集中しないとき。

間をもたせ、子どもたちを楽しい気持ちにさせるお話をもっているといいものです。話はコミュニケーションの道具。要はリレーションづくりのきっかけなのです。そのためには話を用意しておくこと。本で仕入れる一般的な話題より、子どもが自分と接点を感じる話題にします。その意味で、怪談は子どもがのってきやすい話です。

私は「お化けの話の河村」と呼ばれていました。

「そうかおまえたち、早く終わっちゃったな、応用もできちゃったな。しょうがない、先生が伊豆でおばあちゃんの家に行ったときの話をしてあげようかな」と言うと、子どもたちは「わーっ」と言って周りに寄って来ます。ある子は「くだらねえー」と言いながら一番前に来て真剣な顔で聞いています。

このようなことはどの先生もやっているのかと思っていたのですが、意外とそうでもないようです。

さて、お化けの話をするにも、子どもたちを席に座らせて教卓で話すのでは面白くありません。「よしじゃやるぞ！　机みんな下げろーっ！」と言って、私だけイスに座る。「じゃあ先生の周りにぐわあっと固まれ」とするだけで子どもたちはわくわくします。

■子どもが接点を感じるお話の例

・地域や学校にまつわる怪談……警備員さんに教えてもらう
・飼育小屋の話……ある飼育小屋でのこと。夏休み、しばらく餌をやらなかったのでジュウシマツが何羽か死んでしまったんだ。見つけたときはみんな餌箱に顔をつっこんで死んでいた。どれもみんな首が伸びていた。死ぬと首が伸びるんだよ。それ以来、警備員さんが夜飼育小屋の前に行くと、今でも鳴き声が聞こえるんだって。
・校庭の七不思議……学校のあそこだけ、草がよく生えるだろ？　近所のおばさんが、大切に飼っていた犬を埋めたらしいよ。
・先生が子どものころに聞いた話……「先生怖かったんだけど、みんなどうだ？」。先生という接点がリアリティを与える。
・理科の振り子の実験の前に……みんな、振り子時計なんて見たことないだろう。先生のおばあちゃんちが伊豆にあってな。大きな振り子時計があったんだぞ。その思い出は忘れられないな。先生はな、毎年夏になるとおばあちゃんちへ行っては、川に潜って魚をとったり、海に行っては魚釣りをして一日中遊んでいたんだ。昔旅館だった家だから広くてな。トイレが遠いんだ。廊下の途中に振り子時計があるんだけど、夜中トイレに行きたくて先生が通ったら、ジリジリジリジリと鎖を引き裂くような音がしたんだよ。時計のほうから音がするから、先生怖くなって体が固まってな、じっと時計を見てたんだ。その瞬間、急に時計がボーンと鳴ったと思ったら、バッポーと言ってミミヅクが出てきたんだよ。それで、先生は何と漏らしてしまったんだ（笑）。

授業の展開を変える

楽しい展開をはさみ込む

うめくさ的アイディア

教材研究をきっちりやって、すべての科目を楽しく展開するのはむずかしいです。流すところが出てしまうのも仕方ないことでしょう。そこで、準備はしていないけれども、ちょっと子どもたちの興味を引きつけるとか、そういう裏技的なものが実は大切です。

うまい先生は、転勤のときにアイディアが詰まった段ボールを十個ぐらい抱えていきます。私も、漢字の学習カード、算数の学習カード、ビンゴなど持って歩きました。

正攻法で動機づけするのも大事ですが、限界がありますし、すべての内容にそれでいけるとは限りません。だから、このようなアイディアの蓄積が生きてくるのです。

「それは学習の本質ではない」と言われることもあります。たしかにそうでしょう。学習の本質に達するためには本来の学習をしなければダメです。でも、その前の段階が必要になってしまったのです。

大切なのは、うめくさをいっぱいもっていて、子どもたちの意欲を喚起するために柔軟に使うことです。いい先生は、一見、学習の本質からはずれたことをやっているようでも必ず学習につながる工夫をしています。

■河村の場合

例えば、算数の苦手な先生が一生懸命、「正十二面体のこの辺とこの辺が…」と教えています。意に反して子どもたちはだれていきます。

そんなとき、展開図から模型を実際に作って、まず遊ばせる。これだけでぜんぜん違ってきます。多面体をゲーム感覚で勉強できるパソコンソフトもあります。ちょっと引っかけて授業に入るのです。

例えば、たいへんにうるさいクラスの「風」の単元では紙飛行機を使いました。「先生の趣味はな、紙飛行機だ」と言って、きれいに色まで塗った紙飛行機を見せて、飛ばしました。「今度の勉強はな、これに関係があるんだ。きっちりやると、早く終わる子も時間かかる子もいると思うけれど、終わったら、このコレクションの模型の下図がここにあるから、それをやっていいんだぞ」という具合です。

「河村はえさを使っている」と言う人もいますが、私は四角四面にやって沈滞した授業をするよりはいいと思います。むしろ「この単元は全部で十時間でいくぞ。みんなが九時間ぐらいでできちゃったら、最後の一時間は飛行機大会やろうかな」と一言添えます。実は授業は九時間の内容なのですが。

理科の電磁石も嫌われる単元です。そこでミニ四駆を使いレース大会をやりました。イベントをもつことも一案です。今の子どもたちは何かないと自分からは乗ってきません。「この単元ではこういうことができますよ」と見せるところがポイントです。

兵庫県のある理科の先生の話。「僕は手品師ですからね」と言って、ほんの少しの水素をふくらませ、「みんなこれは自分ではやっちゃだめだぞ」と言いながら長い棒で火をつけました。するとバーンと大きな音がして、一同びっくり。「いいか、たったこれだけの水素でこれだぞ。水素爆弾って恐ろしいよなあ」と。すると子どもたちは、「そうだねえ……」と息をのみながらつぶやくのでした。

あまり時間の使い方

遊ばせる

■いつやるか
授業の内容を終えてしまって，中途半端な時間ができたとき。

授業時間が余ったら遊びます。「遊ぶ」ことはリレーション形成のためにとても必要なことです。

ただし、遊びまでのもっていき方がけっこう大切です。「授業が早く終わったから、三十分自由時間を入れましょう」としても、子どもたちは何をしていいかわからず、逆につまらなくなってしまうことがあります。子どもたちにつながりができていないときは、先生がリードして一緒にワイワイ遊ぶことが必要なのです。すると全員が安心して楽しく遊ぶことができます。

何をするかは、先生が提案することもあれば、子どもたちに聞くこともあります。そのときは時間や場所の制約を一緒に考えます。

では、授業を進める必要のあるときはどうするとよいでしょう。

「おお、早くできたなあ。先生覚えておくぞ。帳面に書いておくぞ。先生は週案ってのを書いているからな。で、ここはちょっと先へ進んじゃうぞ。最後にためておこうな」

こう言うと子どもは喜びます。「今度の土曜日はやることないじゃん。みんなでいろんなことをやろう」となります。ただし、くれぐれも約束は守ることです。

できる子には個別学習

学力差の対応

■いつやるか
一斉指導についてこれない子が，学級の 2 割を超えたとき。

学級の中で学力の差が広がったらどうしたらいいでしょう。

通常、授業に遅れがちな子を先生が個別に面倒見ながら、一斉指導を進めています。けれど、そんな子が学級の二割、三十人学級だったら六人を超えたら、全体の舵取りをシフトする合図です。

こうなったら、一斉指導はついてこれない子を含めたレベルで行うようにします。そして、できる子に発展問題のプリントを与えて個別学習をさせるようにします。

というのも、遅れがちな子が個別学習をさせられるのはうれしくありません。できないことが目に見えるからです。逆に、できる子が個別学習をするのであれば抵抗はなく、内容次第では喜んでやります。

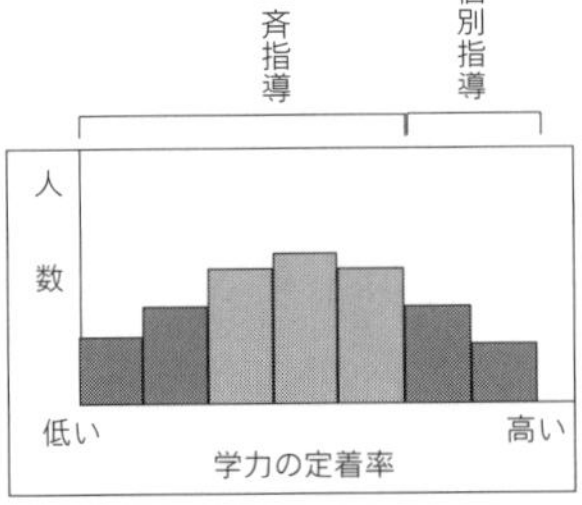

学力の差が広がった学級

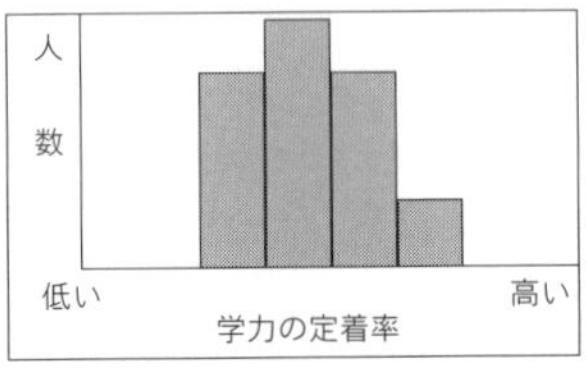

一斉授業型の学級

授業の展開を変える

ネタを仕込む

■いつやるか
授業の導入。
計算や漢字練習などの単純作業を楽しく行うために。

今の子は口だけではついてきません。道具や仕込みが必要です。

■見せて引きつけるネタを常に集める

①テレビを録画する（情報番組や特番）
②実物を見せるネタ集め（ベーゴマ）　など

■子どもたちに作業させるためのネタ

・算数カード……マスに数式が書いてあり、例えば、たして五になるところに色を塗ると、何かの絵が浮き出てくるものなど。
・グループマラソンカード……電車の路線をもとにカードをつくり、実際に走った距離だけ塗りつぶしていく。
・多面体カード……いろいろな多面体の展開図。組み立てられる。
・紙飛行機……設計図をコピーしたもの。
・漢字しりとり……車（くるま）→真（ま）。教科書の漢字一覧表を見てもいいことにすれば苦手な子もできる。
・ビンゴ……県名、歴史（江戸時代の人物など）、実験材料など、ジャンルを決めてマスを埋める。教科書を見ていいことにすれば、わからない子もできる。できる子は自力で書き込む。ビンゴのときは子どもが順に読み上げたり、先生が「酸素を発生させる実験器具で、大切なものから順に言っていくぞ」とやってもよい。

グループごとの読みの練習

■いつやるか
国語の新しい単元に入ったとき

国語の新しい単元で教科書を読むときにも工夫をします。

1先生がまず最初に全部を読んであげる

文章が長すぎる場合は、どこからどこまでと区切り、子どもたちのレベルに合わせます。

2グループごとに読みの練習をする

グループ練習①　単純に順番に読む
グループ練習②　間違ったところで交代する。「全部を何人かかって読み切っただろうか」

②のやり方は、間違いを見つけるために、ほかの子も必死に読むようになります。そして、読めない字や言葉を自然に教え合うようになります。場合によっては、一人一回ずつでどこまで読めるかなどグループで競争させることもあります。
　また、競争させずに、班ごとに練習して、初めの頃と終わりを比較してもいいでしょう。単元の最初は、読むのに十人かかったものが、終わりには三人くらいで読めるようになっています。そこで、「勉強したから読みもすごくなったね」「初めは全部読むのに十人かかったけど、今は三人になったね」とほめてあげます。

回復のシナリオⅡ

なれあい型・初期

ルールの回復と子ども同士の関係づくり

■学級の課題
　学級が先生の心づもりで動いていると感じた子どもたちは，先生の注目を得るために，騒いだり，必要以上に甘えたり，やきもちを焼いたりします。子ども同士でトラブルが増え，生活のルールが徐々に崩れ始めます。

　まず，ルールを再確認し，先生がルールにそって行動していることを見せます。そして子ども同士の人間関係をつくるようにします。

1 「私を見て」への対処

○甘えてくる子
　先生とその子の間だけで済ませないで、「A君はどう思う」とほかの子も含めて話し合います。級友の視線を意識せることで、甘えが度を超していることを理解させるのです。
○トラブルの解決
　また、子ども同士の小さなトラブルは、先生と当事者たちの個人的な話し合いで終わらせるだけでなく、一般化して学級全体で考えさせるようにします。これをねばり強く繰り返します。

　そうすれば、似たようなトラブルが生じたときに、子どもたちは自分たちで解決できるようになっていきます。これをしないと、同じようなトラブルをいろいろな子どもが起こし、その都度、先生に援助を求めるようになります。
○個人的なリレーション
　甘えてくる子には、いっぽうで個人的にその気持ちを満たしてやります。また、初期の反発は「なんで先生は自分とは仲よくしてくれないんだ」という欲求不満から来ているので、疎遠になっている子の言い分を聞くようにします。ほかの子がひいきだと感じないよう、放課後などに行います。

2 指示や注意・話し方を変える

　先生の指示に従って全員が確実に作業を進めるという、集団活動のパターンを身につけさせます。
○指示の仕方
　指示は何をやるかわかるように、具体的かつ簡潔に出します。分量の目安は、子どもの取組みが十分弱の時間で済む量です。最初はだれでもできるような簡単なものから始めます。

　そして、次に移る前には、必ずやったことの確認をします。一つずつ確実に取り組み、進んでいくという習慣を定着させるのです。
○注意の仕方
　途中でふざけてる子がいたら、「B君……まではやりますよ」と事務的に伝え、そばで待ちます。やり終えたら、「よくがんばったね」とほめてあげます。

　途中で理由や言いわけなどを聞き始めるといつもの学級に逆戻り。淡々と注意するように努めます。

　また、子どもがなれあってくると、授業中にもかかわらず、休み時間そのままの態度をとりはじめます。自分と先生の仲を、ほかの子に見せつけたいのです。

　そのときは、しかるのではなく

先生のほうからていねい語を使って、子どもとの距離を確保します。子どもが先生に「△△ちゃん、やってよ～」と言ってきたら、「C君、先生に何をやってほしいのですか」という具合です。

3　ルールに例外をつくらない

○ルールを見直す

　まず、学級のルールがだれにでも無理なく守れるものか話し合い、最低限のルールを確認します。

○先生もルールを守る

　先生もルールを守って行動していることを見せます。例えば「人の発言を妨げない」というルールを先生も守るとか、給食のお代わりもみんなと一緒に並ぶなど、簡単なことでいいのです。

　やらされているのではなく、みんなでルールをつくって守っているんだと思えるようにします。

○ルール違反の指摘

　事務的に「やってみようね」と正し、できたら「D君、やっぱできるじゃん」とほめます。

　例えば「E君、黒板消し係だけど黒板消ししてくれる?」と言って実行させます。わからせるのではなく行動を促すのがポイントです。

○成果の確認

　定期的に、ルールを守れたかどうか検討する時間をもちます。確認するとき、「今日はできなくても仕方がないか」「今日は特別」と例外をつくらないようにします。

　できなかったものは、次にどうすればできるか考えさせ、できていた場合は十分にほめます。

　よかったことは級友からほめられるように、マイナスは自分から反省点を出すように設定します。

4　ゲームや遊び

　同時に、ルールの簡単なゲームや遊びを実施します。子ども同士の関係をつくり、ルールにそった活動ができるようにします。内容は反抗型の初期と同じです。

　なお、これらが完了したら、学級育成を進めます。エンカウンターも、この状態になって始めます。

回復のシナリオⅡ

1　「私を見て」への対処（62～63P）
・一事例から学級全体の子どもたちが学ぶ

2　指示や注意・話し方を変える（4～6章）
・簡潔な指示
・事務的口調の注意
・ていねい語を使ったけじめのつけ方
・結果の評価

3　ルールに例外をつくらない（64～67P）
・だれでも無理なく守れるルールの確認
・先生もルールを守る

4　ゲームや遊び（48～53P）
・子ども同士の人間関係づくりとルールを守る体験
・いろいろな友達と交流するきっかけ
・簡単なルールのゲームや遊び

「私を見て」への対処

甘えてくる子

客観的事実に気づかせる

■いつやるか

先生のひざに乗ってべたべたしてくるとき。ところかまわず，先生，先生と話しかけたりくっついたりして，先生を独占しようとするとき。

先生のひざに乗ってべたべたする子は「私と先生はこんなに近い」と感じたいし，みんなに見せつけたいのです。ほかの子はやきもちを焼きます。しかし，だからといってそんな子に「ダメだよ」「今授業中よ」と拒否すると，先生とのつながりが切れてしまいます。

べたべたするのが悪いのではなく，TPOを踏まえた行動を教えます。すると，つながりながらルールもできます。

ただし，我慢だけでは人を求める気持ちは消えません。どこかで受け止めないと，この気持ちが攻撃に変わってしまうこともあります。

先生のことば（●）と児童の様子（☆）	解説
【客観的事実を教える】 ●（周りの子に）こんなふうに先生のところへ来ているA子ちゃんどう思う？ ☆子どもっぽいと思う。A子ちゃんだけそういうふうにしてもらってひいきだと思う。 ●先生も複雑な気持ちで聞いているんだよ。先生も正直，A子のことをかわいいと思う気持ちがあるよ。ただ，みんなにできないというところで苦しんでいるんだ。それに，ほかの子もそうしたいと思っていたら，その子たちに寂しい思いをさせたかもしれないしね。	**【アレンジ：ふせさせて客観的事実を教える】** ●ちょっとみんな，机にふせてごらん。A子と同じようにしたいなと思ったことのある人，手をあげて。子どもっぽいなと思う人，手をあげて。 ※A子だけちょっと肩にふれて見せる。 ●はいありがとう。目を開けて。
●寂しいって気持ちはあるよね。大人だって，一対一で泣きたいときだってあるんだよ。	●人の気持ちや出来事には，常に一面ではなくて両方の面があることを教えて，考えを広げる。
【TPOとルールを知らせる】 ●みんなそういう思いはあるんだよ。だけど，コントロールしているんだ。 ●みんなでいるときと一人でいるときは違うんだよ。	
【つなぐ（フォロー）】 ●A子，放課後丸つけしてるから，そのとき遊びにおいで。	●君のことを大切に思っているよと伝える。

■さらし者にしない

「こいつ，こんなことやってるけど，どう思う？」

このような言い方には先生の評価が入っています。聞かれた子どもたちは期待された答えがわかってしまいます。上記の例では気づかせようとしていますが，これは間接的に攻撃して拒否をしています。わずか違いなのですが，言い方に注意が必要です。

「私を見て」への対処

トラブルの解決

問題を一般化する

■いつやるか

帰りの会にトラブルの解決の機会を何度も設け，この過程をひととおり子どもに見せる。何回か繰り返せば，子どもだけで自然に解決できるようになってくる。

先生のことば（●）と児童の様子（☆）	解説
【事実と感情を分けて見せる】 ●どういうことがあったのか，言ってみて。	●みんなの前で事実と感情をきれいに分ける。これをうやむやにするとルールが崩れる。
☆（事実）汚れたままの給食台をどうするかで口げんか。	●白黒つけにく問題こそ大切にする。
☆（感情）Ｂが悪い。Ａが悪い。Ｃのせいではない。	●話し合いをみんなにも見せる。
●なるほど「○○が△△した」んだね（事実を押さえる）。	●なれあわないように，ていねいな言葉を使う。「○○ちゃん」→「○○さん・君」。
●じゃあ，初めからどんな気持ちで行動していたか気持ちを聞くよ。どっちがいいとか悪いとか，そういうのは言っちゃダメだよ。そういうのは関係ないからね。気持ちがどういうふうに移り変わっていくのか，みんな見ていてね。	
☆Ａ「自分はおかず係でＢが台をふく係だから，Ｂがやるべき」。Ｂ「おかずをこぼしたのはＡだからＡが片づけるべき」。Ｃ「自分は台にカバーをするはずだったけど，ふかれていないので自分の仕事をしなかった」。	●水かけ論になった場合は「ジャンケンで決める」をルールにしておく。例，野球のアウトとセーフ，ドッジボールが当たったかなど。
【責任の所在を明確にする】 ①（責任が明確なとき）こういうところですれ違ったんだね。	
②（責任が不明確なとき）みんなそれぞれ自分が悪くないと言っているけど，どうしたらいいのかな？	●先入観をもっていたりして，思いこんでしまったところをとらえ説明していく。
【責任をとるようにする】 ①それじゃあ○○君はどうしたらいいかなあ。	
②こういう場合はどうしたらいいか，初めから決めておくしかないね。	●しからない。するべきことを決める。 ●初めは先生が解決方法を教える。
●次からはこういうふうにしようね。	●その場になってできなかったら，「Ａ君，やって」と決めたことを繰り返す。

最近クラスのルールを守らない人が多いように思うんだけど……。
これは守れた。
これはなぜ守れないのかな？
21

ルールを見直す(1)

今までを振り返る

■いつやるか

学級のルールが乱れてきたなと感じたときの帰りの会で。

先生のことば(●)と児童の様子(☆)	解説
【1 導入(帰りの会で)】	
●最近，クラスのルールを無視する人や，係の仕事を守らない人がいると先生は思うんだけど，みんなどう思う？	
●ちょと生活班（または隣りの人と）で話してみて。	
●じゃあ，先生が思っていることと似ている感じをもっている人，手をあげてみて。	●子どもたちもだいたい先生と同じように思っている。
【2 確認と対策】	
●それじゃあ，もう一度，今までのルールが守られているか守られていないか確認しよう。	●今までのルールを一つ一つを確認していく。
①（守れたものは）これはもう守れたから必要ないね。	●消しながら，ルールを減らしていく。
②（守れていないものは）なぜ守られないのかを話し合おう。	●善悪を追及するのではなく，なぜ守れないのか考える。目標が高すぎる場合もある。
→十分な見直しができたら「３まとめ」へ行って終了 →ルールに不足があれば「４新しいルールを考える」へ	●ルールに必要最小限の内容が含まれていなかったり，いじめやトラブルが目立つ場合は新たにルールを加える。**➡次ページへ**
【3 まとめ】（この段階で終われる場合のみ）	
●今日見直したのは，みんなが気持ちよく過ごすためのルールだね。明日から協力して楽しいクラスにしていこう。	●ルールの意味と展望をもたせて終わる。

■確認の実際「なぜ守れないか」

「あいつ，いつも掃除さぼっていたよ」と子どもたちから出ることがあります。「やっぱりＡ君か」と追及するのではなく，理由を聞くようにします。そして守れない理由を検討し対策を立てます。

●じゃあ，ちょっといま名前出ちゃったんで，Ａ君。どういうときに守れないんだい？

☆（Ａ君）みんなはダラダラしていて，おれは早く終わったんだから遊んでたっていいじゃないか。

●分担を決めたら早い遅いがでちゃうんだけれど，そういうときどうするか決めていなかったね。

●じゃあそういうときはこうしようと決めておこうか。

ルールに例外をつくらない

ルールを見直す⑵

新しく必要なルールづくり

■いつやるか

ルールを見直していて，内容を加える必要が生じたとき。

先生のことば（●）と児童の様子（☆）	解説
【４ 新しいルールを考えて整理する】 ●こういうルールがあって，みんなが守れたら素晴らしいクラスになるなあというものを紙に書いてみよう。 ●これまで，クラスで生活していてどういうときがいやだった？　それを防ぐためにどんな工夫をすればいい？ ●この意見はこれとだいたい同じだね。――集めて整理する。 ●みんなから出た意見は，こんな感じにまとめられるよ。	●高学年は子どもたちに紙を配り書かせる。低学年は「こんなルールが考えられると思うんだけど，どう思う」と先生が提案する。 ●子どもは前のクラスのルールをそのままあげがちなので，こう言って考えさせる。 ●出てきたものを１つ１つ見ながら先生が整理する。紙を先に分ける方法もある。
【５ ルールを吟味する】 ●これは必要？　必要じゃない？　もう大丈夫なのかな？ ――出てきた内容を一つ一つ吟味していく。 ●みんながちょっとずつがんばればできるルールを決めよう。クラスが楽しくなるようにね。 →十分なルールができたら「３まとめ」へ行って終了 →必要最小限のルールがもれていたら「６最小限のルールを加える」へ	●必要じゃないとは，ルールにしなくてももう守れるということ。先生と子どもたちの相互交流で決めることがポイント。 ●今，必要なルールを決めていく。細かいことやむずかしすぎるのもは，あとで取り組む。８割の子が守れて，ちょっとがんばれば全員ができるものを選ぶ。 **※必要最小限のルール：①聞き方・話し方，②人権，③あいさつ，に関するもの**
【６ 必要最小限のルールを加える】 ●それから，最低限のマナーとして，こんなのがあると気持ちよく生活できると思うんだ……。――ルールを加える。	●ルールを加えたり，「そうだね，これ重要だと思うんだ。なぜなら…」と強調する。

■吟味したルールの例「標準的な５つのルール」

①人の話は冷やかしたりしないで最後まで聞く　②問題が起こったら相手の気持ちを確認する
③係の責任は果たす（事前に自分の責任の範囲を明確にすること）　④みんなで使うものを大切にする
⑤人のいやがる悪口や体のことを言わない

ルールに例外を作らない

先生のことば(●)と児童の様子(☆)	解説
【人権関係のルール例】相手のいやがることを言わない ●みんな１人１人大事な人間なんだから，相手が「いやなあだ名を言うのをやめてください」と言ったらやめようね。判断は相手がするものなんだよ。	●具体的な場面と約束を決めておく。
【聞き方･話し方のルール例】 「私はこう思う」（アイメッセージ）という言い方をする ●「おまえ，それ汚ねえぞ」と言われたら，人間が汚いような感じがするよ。「そんなふうにダラダラやって，僕はいや気持ちがするよ」と言われれば，「行動がいけないんだ」となるよね。指摘してあげるのは直せるところだよ。どうしようもないところは指摘しないようにしよう。	**【そのほかの聞き方・話し方のルール例】** ・話を最後まで聞く ・相手がその言葉で何を言いたいのか感じる ・相手がもっと話したくなるように聞く ・ひやかさない ・相手の気持ちを聞く ・場面に合った話し方（休み時間と授業では違う）をする
【あいさつのルール例】　朝会ったら必ずあいさつをする ●あいさつは，あなたを認めていますよという最初のメッセージなんだ。口で言いにくい人は手をあげてあいさつもいいよ。顔を見てニコっと笑うだけでもいい。相手に反応してあげるのが友達づくりの第一歩なんだ。 ●クラスに入るとき，あいさつを言いづらいってことけっこうない？　だから，前もって決めておこう。先に教室にいる子が言ってあげるようにしよう。でもね，一番いいのは，同時に言えることだよ。でも気まずいと思ったら，多いほうが先に言ってあげるんだ，約束だよ。もしも気がつかなかったら，だれかがおはようと言ったときに，今いる人もそっち向いておはようって言ってあげようね。	●あいさつをしないと，相手にもすぐにされなくなる。するとだんだん居心地が悪くなってしまう。 **➡下の「なぜあいさつが必要か」へ** ●場合によってはルールを守るための約束まで決めておく。 ●もちろんこのほかのルールも，先生の考え次第。 **➡３まとめへ**

■必要最小限なルールの説明「なぜあいさつが必要か」

高学年では，体験的に非言語コミュニケーションの意味を感じさせるのもよいでしょう。

●自分のことに気づいてもらえない，反応がないって一番つらいんだよ。それに，じいっと見たり，そっぽを向いたりするのは，相手に対して「おまえのこといやだよ」とか「おまえのやり方は気にくわないよ」と，マイナスのメッセージになっているんだよ。

●例えば……，Ａ男ちょっとおいで。

●ゴニョゴニョ。（見ている子どもの一人に目線を向けニヤニヤしながら，Ａ男の耳元で「今日の給食何だっけ」とささやく）　よし，帰れ。

●いまどう思った？（目線の先にいた子に聞く）

☆なんか噂しているようでイヤな感じがする。

●Ａ男，いま先生，何を話した？

☆今日の給食何だっけだったよ。

●先生が言ったのはそんなことだったけど，コソコソして目線をあっちへ向けると，相手は「俺の悪口を言っているんだな」って感じちゃっただろ？　だからそういうのって，知らないうちに相手を攻撃してるんだよ。話を途中で切っちゃうっていうのは「おまえの話はもう聞きたくねえよ」ってことなんだよ。

ルールに例外をつくらない

成果の確認

■いつやるか

ルールを見直した翌日に行う。その後，毎週末に行う。

■定期的な確認

よかったことは級友がほめ、マイナスは自分から出すよう設定します。通常、四・五月は毎週、その後は月一回行うようにします。

二学期に入ったらもう一回ルールを見直します。「一学期はこう決まったけど、二学期もこれでいいかな」と言うと、「先生、これも入れたらどう？」と返ってきます。守られてきたものは「こんなの決めなくてもできるのがいちばんいいね」となくす方向で進めます。なお、不安を軽減する楽しい遊びをあらためて行います。

■ルール違反のたびに確認

ルールは必ず小さなものから崩れていきます。ちょっとでも崩れたらすぐに指摘します。大きくなってからしかっても「前は怒らなかったのに」となります。

小さなルール違反には「A君。君、黒板消し係だけど黒板消してくれる？」と言って実行させます。わからせるのではなく、ルールにのっとった行動を促すことがポイントです。不満を言う子には、例えば「十センチでも三十センチでも、はみ出したことには変わりないよね」「みんなでがんばろうよ」と言って納得させます。

先生のことば(●)と児童の様子(☆)	解説
【帰りの会に毎日行うチェック】	●15分くらい。
■初期は日直が司会，中期は先生が司会して進行する。 ①班になって，当番活動などについて互いをほめあう（３分） ②班になって，反省を自分から言う（３分）	●進行のひな形はどこかに書いておく。日直ががんばってできたら，王様じゃんけんの権利を与えるなどの工夫をする。
③全体に伝えたいこと・聞かせたいことを，班で一人ずつ代表者が発表する。（５分）	●いいところは周りから。反省点は自分から，が原則。
④やれなかったことをやる時間をつくる（５分）。一人や二人だったら放課後個別に。数人だったら，時間をつくる。	●「責任は果たされなければならない。果たしていなければやるんだ」と認識させる。
○日直・掃除・給食・係活動など，ちゃんとやれば数分でできる仕事について（黒板の消し忘れ，給食の白衣がかけてあるか，専科の授業の予定を聞いてあるかなど）。	●係の仕事量が均等かどうかが大切。最初は先生が機械的に割り振っていく。
【毎週金曜日の係活動の振り返り】 ■係ごとに集まり係の仕事について上記と同様に行う。 ①互いにほめ合う。②反省を自分から言う。③全体に発表する。④やっていないことをやる。	**■係の表の作り方** 悪い例：班長○○，副班長▽▽，ひら… いい例：○○の仕事●●，▽▽の仕事▼▼と責任の所在を明確にしていく。
【２週間に１度の学級会】	
●このルールはまだ必要かな。できているようだったら消していこう。	●全体のルールの確認していく。
●そういえば，この前消した○○はどうだろう。もう１度復活したほうがよさそうじゃないかな。みんな，どう思う？	●できていないときは消えたルールを復活させる。

回復のシナリオⅢ

中期（反抗型・なれあい型）

今までを総括し再スタートをきる

■学級の課題

リレーションとルールの両方ががが崩れバラバラです。先生への反抗的な態度も随所に見られます。

まず，このような流れを断つことが第一。学級の膿を出しきり，再スタートをきるのです。

初期では「リレーションの形成」か「ルールの確立」の一方に対応するのが骨子でしたが，中期ではマイナス面に対応しつつ，２つの要素を一歩一歩確立します。

再スタートの準備

○指導と注意・話し方

子どもたちと先生の対応にズレが生じているので改善します。

まず、「1指示と注意・話し方」を振り返ります。本書の四〜六章と照らし、自分ならどんな出来事が起こりどう対応すべきか書き出します。それを十分に練習します。

次に自分がカッとなりやすい子や場面に対して対策を立てます。

①自分がカッとしていると気づいたらそれ以上言葉を発さない

②決まり文句を決める。「これ以上やるとお互い言わなくてもいいこと言っちゃうから、あとで聞くよ。悪い。ごめんね」

③その場を離れ、あとで一対一で話し合う

なぜか腹の立つ子は、先生が自分自身のイヤな部分（シャドウ）を投影していることがあります。自分に気づくチャンスです。

○一か月間の計画

次に「2ゲームや遊び」「3授業の展開を変える」について、一か月程度の計画を立てます。ゲームの内容は、初期と同じです。

○協力を要請する

学級を再スタートさせるために、学年の先生の協力を取りつけます。

再スタート

学校行事などが立て込まない時期を選び「学級生活の総括」「ルールの再契約」を行います。週の終わりにやれば、土日を冷却期間として心機一転できます。先生が準備する時間にもなるでしょう。

一日目は、帰りの会を長く取ってアンケートを実施します。翌日それをもとに再契約を行います。

再契約は、できればほかの先生に立ち会ってもらうのがよいです。その先生には事前に内容を説明し、当日は記録係をやってもらいます。再契約が終わったら、その先生に内容を読んでもらい、翌週から実施することを宣言してもらいます。契約したルールはその日のうちに模造紙に書き、教室の壁に貼っておきます。また学級通信にもその内容を書いておきます。

再スタートの翌日

次の週の朝、その日一日と一週間のスケジュールを渡し、シナリオⅢの1・2・3を実施します。

この三つに一貫性がないと効果は得られません。先生が変わったことを強く子どもたちに印象づけ、そのペースに子どもたちを巻きこんでいくのです。最初子どもたちは抵抗を示すでしょうが、巻きこまれないように計画を進めていきます。コツは、授業や活動で課題とする量を最低限にすることです。

○一日の振り返り

　帰りの会のときに、その日一日ルールが守れたかを確認します。

　子どもたちには、先生と自分について評価してもらいます。

　先生へのマイナスの評価には、「明日からこの点に気をつけてやる」と対策を具体的に示します。その後、自分たちのことを評価させ、マイナスの点は「明日から何に気をつけてやればよいのか」を紙に書いて提出させます。

　先生は子どもたちのプラスの面を評価し、ほめてあげます。

　最後に作成しておいた学級通信を子どもに渡して、保護者にも学級経営を立て直そうとしていることを伝えます。

再スタートの継続

　二週間ほど毎日振り返ります。

○言葉かけ

　その間、子どもに無視されようとも、先生のほうから繰り返し言葉かけをします。最初は返事が返ってこないかもしれませんが、子どもの心には先生のこのような態度が少しずつ焼きついていきます。

○一人一人への個別援助

　特に抵抗の強い子どもたちには、放課後などに個別に話し合います。仕事を手伝ってもらうなど、一緒に活動してもよいのです。

　個別にかかわり、少しずつ抵抗を取り除きます。なぜなら、ほかの子の前だと、つっぱったり、またそれを見てまねる子どもがいるので、個別がいいのです。

二週間ごとに評価する

　ほかの学級と比べたり、子ども同士を比べたりはしません。総括した日の状態と、今の様子とを比べるのです。アンケートなどで成果が形に表れるようにします。

　変化がない場合は、どう工夫すればよいか話し合い、やり方を少し修正して続けるようにします。

回復のシナリオⅢ

1　指示と注意・話し方を変える（4〜6章）

・短く的確に／行動や態度を短く注意／次にどうすればよいのか／プラス面の言葉がけ／巻き込まれない工夫

2　ゲームや遊び（48〜53Ｐ）

・人間関係の緊張を和らげる

3　授業の展開を変える（54〜59・70〜71Ｐ）

・一つの取り組みを短時間に／飽きさせない工夫／努力が見える工夫／プラス面の言葉がけ／プリントの活用

4　これまでの学級生活を総括する（72・74Ｐ）

・現在の気持ちを語り合う

・少しでもよくしようという気持ちをもたせる

5　学級のルールを再契約する（73Ｐ）

・子どもたちと決めただれでも無理なく守れるルール

・先生もルールを守る／結果の評価

6　一人一人への個別援助（75Ｐ）

・君がどう思おうが私は君が大切だ／有縁を度す／人間的なつながり／放課後の活用

7　二週間ごとに取組みを評価（67・74Ｐ）

・客観的な資料／変化が目でみえる工夫

授業の展開を変える

■コツ
ふだん使っているまとめのプリントをできるだけ活用し，最低限の内容に絞る。

■基本プリントと発展プリント

この段階になると授業は遅れに遅れています。国算理社の遅れに保護者は不信感を募らせます。「学習権の保障」は不可欠です。

一斉授業がむずかしい状況ならば、プリントで個別学習をさせるほうが賢明です。そこで一か月分のプリントを初めに作ります。最低二週間分だけでもストックして始めます。

プリントは、授業の遅れを取り戻すように、内容を整理し精選します。具体的には、次のようなものになります。

・教科書を読んで、言葉を穴埋め形式で説明するもの
・熟語の意味を辞書で調べて書くもの（ポイントをいくつか）
・テストに対応しているもの

ワークブック（国語ノートや算数ノート）の要点をまとめるページを参考にしてもいいでしょう。長時間の作業はできないので、最低限にしぼり、ときどき遊びの要素を混ぜるのがポイントです。

また、進みの早い子にはこれに加えて「発展問題プリント」を用意します。教科書より少しむずかしいレベルのものです。

■学年で取り組む

できればプリント作りを学年で一緒にやってもらえるとありがたいです。また、ほかのクラスも同じプリントを使ってやってもらえればなお助かります。子どもたちがよそのクラスと比較することがなくなり、学年でやっているのだとわかるのです。

ほかのクラスと単元がずれるほどになってしまったら、状況に応じて年間の単元計画を入れ替えます。同時にできるところを先にもってきて、その部分を一緒に進めるのです。

■やる気を出させることから

非常事態での奥の手ですが、プリントをテストに出るような特に大事なポイントに絞る場合もあります。そして、「君たち、騒いでいても、平均八十五点だ。全国平均五点も上回っているぞ。やるなー」とほめて、自分のクラスはダメだというイメージを払拭します。

また希望者を募り、特に遅れがちな子を中心に補習を行います。例えば「朝ベン」と称して七時半から八時半まで個別学習をさせます。そのとき、ふだんはできない子に先ほどのプリントを繰り返し練習させます。その結果、その子たちの点数が少し上がれば、「オレって勉強できるようになっちゃった」という子どもの言葉にまわりがびっくりします。みんなにいい刺激を与えます。そして「先生、驚いちゃった。やっぱりこのクラスは、やればできるんだね」とほめるようにします。

学級のムードが落ち込んでいるときは、特にやる気を出させることが大切です。やる気を引き出す手を十分に打って、スタートエンジンに着火するのです。こうして、全員の成績が上向きだして、初めて「おっ、先生？」となり、信頼が回復し始めます。

このようなことをあえて取り上げたのは、それほどまでにすべてをかけて崩壊に対応する必要があることをお伝えしたいのです。

再スタートの準備

■学習プリントの例

社会学習プリント No.4

畜産やらく農のさかんな地域

5年（　）組　名前＿＿＿＿＿＿

畜産《ちくさん》は，牛・馬・豚・にわとり・羊・山羊《やぎ》などの家畜《かちく》を飼《か》ったり，増《ふ》やしたりする仕事のことです。また，らく農は，牛・羊・山羊などを飼ってその乳をとったり，加工してバターやチーズなどの乳製品を作ったりする農業のことです。
　教科書 34 ページ～ 35 ページの資料（グラフや写真）を見て日本の畜産やらく農の様子について調べましょう。

問題1：乳牛をたくさん飼っている地域を調べよう。

第1位＿＿＿＿＿＿（　　　万頭）
第2位＿＿＿＿＿＿（　　　万頭）
第3位＿＿＿＿＿＿（　　　万頭）　総飼育頭数（　　　万頭）

問題2：肉牛をたくさん飼っている地域を調べよう。

第1位＿＿＿＿＿＿（　　　万頭）
第2位＿＿＿＿＿＿（　　　万頭）
第3位＿＿＿＿＿＿（　　　万頭）　総飼育頭数（　　　万頭）

問題3：ぶたをたくさん飼っている地域を調べよう。

第1位＿＿＿＿＿＿（　　　万頭）
第2位＿＿＿＿＿＿（　　　万頭）
第3位＿＿＿＿＿＿（　　　万頭）　総飼育頭数（　　　万頭）

問題4：にわとりをたくさん飼っている地域を調べよう。

第1位＿＿＿＿＿＿（　　　万羽）
第2位＿＿＿＿＿＿（　　　万羽）
第3位＿＿＿＿＿＿（　　　万羽）　総飼育数（　　　万羽）

問題5：乳牛を飼う農家の変化について答えましょう。

①乳牛を飼う農家数は，1960 年（　　　）万戸，1998 年（　　　）万戸で，37 年間で約（10 倍・10 分の 1）に（ふえて・へって）いる。
②農家 1 戸あたりの乳牛の頭数は，1960 年（　　　）頭，1998 年（　　　）頭で，37 年間で約（25 倍・25 分の 1）に（ふえて・へって）いる。
③乳牛を飼う農家は（減少・増加）し，反対に 1 戸あたりの乳牛の頭数は（減少・増加）していることから，（大規模《だいきぼ》・小規模《しょうきぼ》）ならく農に変化してきていることがわかる。

問題6：家畜の飼料（えさ）について答えましょう。

①飼料の消費量，1960 年（　　　）万トン，1998 年（　　　）万トンで，年々（ふえて・へって）きている。
②飼料の輸入量，1960 年（　　　）万トン，1998 年（　　　）万トンで，年々（ふえて・へって）きている。
③飼料の消費量は（ふえて・へって）いるのに，日本国内の生産量は変わらず輸入量は（ふえて・へって）いることから，だんだん外国からの輸入に（たよる・たよらない）ようになっていることがわかる。

質問7：（からあげ・ハンバーグ・牛どん・とんかつ）を好きな順にならべよう。

（　　　）（　　　）（　　　）（　　　）

学級総括と再契約

アンケートをとる

学級総括のねらいは、十分に子どもたちの言い分や不満を出させることです。

進め方は次のとおりです。

①先生が学級に感じていることを語る

②子どもたちの意見を聞く

③学級をよくする決意を確認する

④どうしたらいいかを考える

本書ではアンケートで子どもたちの意見を集め、先生が十分に準備できる方法を紹介します。悪い状態だと意見が出にくいうえ、特定の子の名前を出さなければ書けない内容もあるからです。

学級の状態を点数化することは大切です。中期は回復に時間がかかるうえ、子どもが「楽しい」と感じていても担任には変化が見えません。そこで再びアンケートをとって数字で比較するのです。

■コツ

管理職などに立ち会ってもらい，サポートしてもらう。

先生のことば(●)と児童の様子(☆)	解説
【1 導入のアンケート】 ●先生，最近のみんなの様子を見ていて，ちょっと感じていることがあるから，明日は大事な会議をするよ。その会議はとても大事なので，学年の先生にも見てもらいます。 ●授業をやっていても，ほとんど聞けなかったり，進まなかったり，勉強はどんどん遅れている。クラスはこのとおり汚いし，係活動もほとんどできなくなってしまった。先生はこの状況をとても悲しいと思っているし，何とかしたいと思っているんだ。あと3か月も4か月もこんな状況が続いたら，先生はつらいと思う。君たちの意見も聞かせてほしい。このアンケートに答えてくれるかな。 ●ありがとう。明日はこれをもとに話し合います。	●行事のない時期にやることがポイント，本時を木曜日にやり，金曜日に再契約を行う。 ●帰りの会か，できれば最後の授業を途中で切り上げて「○年○組はこれでいいのか」と黒板に書いて始める。 ●もし自分だけで無理だと思ったら，管理職や学年の先生に同席をお願いしておく。 ●だれが悪いか，なぜこうなったかではなく，先生自身がいまの学級をどう感じているのかを語り，やり直したい気持ちを伝える。 ●できれば「Q-U」をやると，学級状態を正確に把握できる。
【2 翌日・結果報告と先生の思いを語る】 ●みんなに答えてもらったアンケートを昨日まとめました。(1の結果を掲示または板書) 先生も寂しかったけど，たくさんの子がいやだって思っていることがわかりました。 ●みんなに書いてもらった意見を紹介します。――アンケートの自由記述欄をまとめて順に紹介する。 ●先生もたくさんの注文をもらったけど，正直に書いてもらってうれしかった。みんななんとかしたいと思っているんだね。先生もどうせなら楽しい学級にしたいと思う。今はやり直せる最後の時期だと思うんだ。この内容をもとに話し合いたいんだけど，どう思う？　反対の人言ってくれる？	●再契約は儀式性が必要。同僚や学年主任，保健の先生に司会してもらうのもよい。 ●アンケートの結果をプリントか掲示物にまとめる。少数意見も必ず載せる。 **■アンケート結果の例**：先生がきらい，クラスが恐い，みんなが陰口を言っていてイヤだ，失敗することをバカにされる，まじめにやるのもバカにされる

■1日で進める場合

①学級生活を「とても面白い，面白い，ふつう，面白くない，とても面白くない」の5段階で聞く。②結果を見た先生の気持ちを語る。③面白くない理由・どうすればいいかを無記名で書かせ整理する。

再スタート

先生のことば(●)と児童の様子(☆)	解説
【３　問題を明確にして対策を立てる】	
●みんなの書いてくれた「学級について思っていること」を見ると，今，学級はこんな感じになるだろうか……。 ――学級の様子を説明する。	
●もう少しつけたしや説明のある人はいないかな。	
●まず先生が努力することだけど，多いところから，……ということになるかな。こういうところから変えていくということでどうだろう？　じゃあ，必ず守るようにするよ。	●身体的なことや人権にふれるような内容については，「努力して変えられるところとそうでないところがあるよね。それはみんなも先生も同じだね」と言って削っていく。
●「改善したらいいこと」もたくさん出してくれたね。さっき話し合った学級の様子を変えられるような内容になっているかな。	●改善点を一つ一つ具体的に確認していく。
【４　ルールの検討】	
●その改善案は，こんなルールにまとめることができるかな。	●例：人をばかにすることを言わない。
●これはあったほうがいい，これでやれば少しは楽しくなるかなと思う人はどれくらいいるかな？	●８割が必要だと思ったものを入れる。
●じゃあ，ルールとして決めておこう。――以下繰り返し	●初期のルールづくり→64ページ参照。
■中期のルールの例 いやなあだ名は言わない。すぐに殴るのをやめるなど	●この段階では特にルールを具体化する（下の囲み記事参照）。
●楽しい学級にする方法がはっきりしてきたね。これで全部でいいかな。じゃあこれを，書いておこうね。 ――ルールを模造紙に書いて掲示する。	
●こういうのは，いつまでもあったらいやな感じがするから，守れたらどんどん消していこうね。	●以後，守れたら消していく。
【５　再契約】	
●じゃあ，今までの生活はリセットだね。やり直そう。まだ時間あるし……。やり直すためには最低限これだけが必要なんだよね。これはみんながちょっとだけがんばればできるレベルだったよね。これでやっていくんだよね。	●今までを断ち切る。
●（一呼吸）じゃあ，今からスタートするよ。そして月曜日の朝からスッキリして始めようね。	●同席してもらった先生に宣言してもらうのもよい。

■中期のルールの特徴

①具体的に示す：「人の心を傷つけない」ではなく，具体的に「いやなあだ名は言わない」とします。ただ，言われた場合は，まず相手に「やだよ」と伝えることをあらかじめ決めておきます。

②○○なときには□□すればいいと決めておく：「すぐに殴るのをやめる」というルールには，「本人がやめてと言ってもやめなかったら，先生がすぐ代わりにとんでいく行くよ」「同じ班の子が止めてあげてね」「本人がやめてと言っているのにまだやっていたら，周りの子は『やめてあげて』と言うところまで必要なんだよ」と決めます。こうすることで傍観者が減るのです。

■「罰をつくったほうがいい」という子に

罰をつくるとうまくいきません。人の悪いところを見ようとすることになるからです。だから，ほんのちょっとがんばったらできる程度のものがいいのです。ほんのちょっとだから，守るのです。高いハードルをつくって罰則を決めることだけは避けてください。

学級生活振り返りシート

名前＿＿＿＿＿＿＿＿

1．最近の学級生活を振り返ってあなたはどう感じていますか。あなたの状態に近い数字を〇で囲んでください。

	とてもそう思う	少しそう思う	あまりそう思わない	まったく思わない
① このクラスは明るく楽しいクラスだと思いますか。	4	3	2	1
② このクラスの人たちは仲よく助け合っていると思いますか。	4	3	2	1
③ このクラスの人たちはあなたに親切にしてくれますか。	4	3	2	1
④ 学校で勉強していてわかってくると楽しいと思いますか。	4	3	2	1

2．最近の学級について思っていることを自由に書いてください。

3．最近の学級について改善したほうがいいと思うことを書いてください。

4．担任の先生への注文があったら自由に書いてください。

再スタートの継続

一人一人への個別援助

手強い子と心をつなぐ

■コツ

一人の子への働きかけが，ほかの子にとってどう映るかも計算に入れる

■放課後の活用

なかなか言うことを聞かない子、いじめられやすい子、友達づきあいの下手な子などとは、先生と子どもの個人的な心のつながりをいっそう結ぶようにします。ただし、放課後など、ほかの子どもたちの目につかない場面で、一対一で対応します。

こうした子どもたちは、自分自身では気づかなくても、ほとんどが寂しい気持ちを抱いています。心の深いところで「大切にされたい」と願っています。だから担任が甘えさせるのです。

放課後に、居残り勉強をさせて六時くらいまで一緒に遊んだり、習字や絵を教室に貼る、またははがすのを手伝ってもらうようにします。このようなことが何回もにわたるときは、周りの子どもたちも、ときどき巻きこむようにします。

「先生、なんでいつもA君がいるんだよ」と言われたら、例えば「Aはなあ、家に帰ってもお母さんが遅くまで働いているし、自由になるんだよ。君たち、塾とかいろいろスケジュールがあるだろ。だから先生としても頼んじゃうんだなあ」と答えます。

一人一人を大切にすることを「有縁を度す」といいます。

■河村の場合

習字を貼り終えたあと。「ありがとうな。先生腹減っちゃったなあ。A君も腹減ってないか」。「減ったよ。考えてみたら、朝食べてないし、給食もしゃべってて、半分残しちゃったよ」。「そうか。じゃ、ラーメンでも食べに行くか」。そして、ラーメンを食べながら「いいか、今A君は先生と友達みたいな感じだ！　だけど、先生はみんなのまえにいるときはやっぱり先生なんだ。そういう感じでいるぞ。でも、今はそんなんじゃないぞ。先生、A君好きだし。A君どうだ」。「おれも好きだよお！」「だろ、だからいいんだ。だけどそういう場面をちゃんと分けてやれよ」「ほら、この餃子も食っていいよ」。

裏技と言ったら確かにそうですが、でもこのようなつながりが必要な子どももいるのです。

私が独身で毎晩外食だったころ。夜働いているその子の母親は、毎晩ご飯代に三百円をおいて出かけていました。そこで、「一緒にご飯食べに行こう。F市でうまいラーメン屋を五つぐらい探しておいて。今度順番に行こうや」と、ささやかだけど共通の目的をもちました。

一度こんな人間関係ができたら、とても強い絆になります。

ある日私は「河村さん、空いているからって急に校庭で遊んじゃダメだよ」と子どもたちの前でほかの先生にしかられました。しばらくするとその先生が「急に休み時間にドッジボールに誘われて、俺ばかりねらわれたよ」と笑って教えてくれました。その子たちが「うちの先生をあんなふうに言いやがって」と勝負を挑んだらしいのです。

いま彼らは二十代半ば。高校は行っていませんが、型枠工やメッキ屋をやって、とても頼もしく社会で生きてます。いい人生を送っていると思います。彼らに会ったとき「この前大学生のアルバイトを二人使ったけど、できねえでよ」と言います。仕事に生きがいを感じている彼らの姿に、胸が熱くなりました。

回復のシナリオⅣ

学級崩壊（反抗型・なれあい型）

悪いシステムから一人一人を切り離す

■学級の課題

みんながするから悪い行動をする。まじめだといじめられるから先生に逆らう。弱い子を感情のはけ口にする。多くの子が傷つき，学力と人格が破壊される。学級が悪いシステムで動いています。

まず一人一人がこれに巻きこまれるのを断ち，少しでも学習できるように，心が傷つくことが少なくなるように，楽しい体験を一つでも多くできるように対応します。

校内体制づくり

まず、管理職が「崩壊学級の対応を全職員で援助すること」を伝え、協力を取りつけます。

管理職は担任を責めてはいけません。問題解決志向で、チームの構成と支援体制を確立します。

できれば学年始めに校長が「崩壊の兆候があったら、学校組織で支援したい」と言ってもらえるとありがたいです。

保護者会

保護者からの問い合わせやクレームが学校に数件届きだします。そこで、できるだけ早く緊急の保護者会を開きます。後手に回ると言いわけで終わります。学校側が積極的に対応するという姿勢を示し、協力を要請します。

内容は、①学級の実態を伝え、②保護者の言い分を十分に聞く。そして、③学校から決意と具体策を示し、④協力を呼びかけます。

たいていの場合、この時点で保護者は学校に強い不信感をもっています。それに対して、冷静にちょっと話を聞いてください、となればまずまずです。子どもたちも「なんか先生やるみたいだぞ」という雰囲気になってきます。

学級生活の総括と再契約

多くの子どもが傷ついていること、学習や活動が遅れていることを説明します。そして学級生活を振り返り、「このままでいいのか」「今学級にどんなことを思っているか」を紙に書かせます。

次に先生がそれをまとめ、学級の現実をみんなで確かめます。

そして、先生から今後の対策を提案します。①居心地のいいクラスにするためにルールを見直す。②いったん学級を小グループに分割する。③個人的な話や悩みの受付け窓口をつくる。そして、分割に協力してもらう先生方の立ち会いのもと、再契約を宣言します。

翌日までに学級通信を書き、子どもたちに持たせます。以上ほぼ中期の内容と同じに進めます。

学級を分解する

○分割の仕方

学級をグループに分解します。理想は一グループ六人くらいです。

私が介入に入った学校では、一グループ十人くらいで実施しました。担任と教頭先生と教育相談担当とで分けました。

教室の中では、グループごとに座席を固め、ほかのグループと距離をおきます。これ以後、このグループを単位にして進めます。

○給食や活動でも

給食も分割したグループに担当する先生が入って、一緒にとります。そのほかに専科教師、養護教諭にも協力してもらって、一緒に食べてもらえたらベターです。

給食当番や係活動も分割したグループごとに取り組みます。

グループでの学習活動

崩壊した学級では授業が遅れているので、「どうせうちはダメだよね」と子どもたちが負い目を感じています。そこで最低限の学力を保障する方法を示します。

プリントを使った個別学習から始めます。分割したグループごとに先生がついて面倒をみます。

○内容

プリントの内容は教科書の大事なところだけ引き抜き、最低限の箇所だけ教えます。内容や量は思いきって精選します。学力の確保とは、必要最低限の確保です。教材の作成には、ぜひほかの先生の援助を得たいところです。

○進め方

授業は個別の作業を中心に進めます。まず担任が全体に指示を出し、各グループを担当する先生が子どもたちに対応します。プリントをやっている六人くらいの子どもたちをぐるぐる見て回ります。

早く終わった子には、用意させておいた本を読ませたり、発展編の教材をやらせます。全員が終わったグループは、みんなでおしゃべりをするようにしてもいいです。

○対応の留意点

この段階の子どもたちは、徹底的に先生にくってかかります。「自分たちはすべての先生から悪く思われている」と信じて疑わないのです。だからしかっては絶対にダメ。常に説得的に語ります。

多くの先生が力で押えつけた不満は、そのときは見えなくても次の学年で必ず出てきます。

いっぽう、一つの作業に集中して取り組めません。分割したグルー

回復のシナリオⅣ

1　校内体制づくり

・管理職による協力要請

2　保護者会を設定する（80〜82P）

・保護者の意見を十分に聞く／具体策を提案する

3　これまでの学級生活を総括する（72〜74P）

・多くの子が傷ついていることを説明する
・学習や活動が著しく遅れてしまい、今後のことに影響が出る状態であることを説明する
・しばらくの間、その遅れを取り戻すために、特別の方法で学習することを宣言する

4　学級を分解し小グループに分ける（83P）

・理想は一グループ六人くらい

5　学習活動を進めていく（3週間）（70〜71P）

・グループに教師が一人ついて学習を進める
・一つの取組みを短時間に／飽きさせない工夫―レパートリー／努力が目に見える工夫／プラスの言葉がけ

プの面倒をみるときは、一回の作業量を減らし、細かくチェックしながら進めます。はじめは自分で丸つけか、先生がチェック。軌道に乗ってきたら、「できたね。交換して丸つけ」と、展開します。

　こうして、なんとしても教科書が終われるように進めていきます。

指示と注意・話し方を変える

　該当する学級にかかわる先生すべてが、子どもたちとのかかわりを再検討します。

○共有したい基本姿勢
　子どもたちはここまでいろいろな先生に十分しかられています。ですから、「これからどうするか」という視点をすべての先生がもつようにします。例えば、注意するときに、「○男君、この前こんなことをしてたじゃない」と過去のことを持ち出さないで、「こうしたほうが○○だよ」と言います。

○指導の目標
　子どもたちには、変なふうに動く習慣がついています。

・先生の指示に従わずに済ます
・先生に反抗する
・集団の流れる方に動く

　これらと逆のことを、簡単なハードルから体験させることで、崩壊の悪循環を断ち切っていきます。

　そのために小グループにして、集団の中で動ける練習をします。小さい集団のほうが、指示が自分のこととして感じられるからです。

○歩調を合わせた指導
　校内の先生全員が、同じ内容について、同じ方法で注意を与えるようにします。ポイントは、

・できるだけ少人数、できれば一人に対して語りかける
・子どもが指導を受け入れるようしからずに説得する

○担任の練習
　以上に加えて、担任の先生は、「一人一人の存在を認めながら、子どものためを思って指導している」ことを、的確に伝える練習をします。これは、本書の四～六章を参考にして練習してください。

6　指示と注意・話し方を全教師が統一（84～85P）
・短く的確に／行動や態度を短く注意－次にどうすればいいのかという視点／プラス面の言葉がけ
・子どもや学級に巻きこまれない工夫

7　グループでのゲームや遊び（48～53P）
・人間関係の緊張を和らげる
・簡単なルールのゲームや遊び

8　一人一人への個別援助をする（86P）
・いじめ被害や不登校傾向の子どもへの対応
・定期的な面接

9　各グループを集めてゲームや遊び（48～53P）
・人間関係づくりとルールを守る体験
・担任教師がリーダーをする

10　共同活動をする
・各グループで詩集をつくり、まとめて発表会
・各グループで調べ学習・学習発表会

11　学級集団全体での生活を再開する
・担任が5と6を続け学級経営していく

一人一人への援助

放課後、担任と教育相談担当の先生が時間を設定して、子どもの相談にのります。特に、

・いじめられている子や不登校になりかけている子からの相談
・学級への不満を受け止める
・居場所のないまじめな子たちの気持ちを聞く
・悪さをする子の逃げ場をつくる

などがおもなねらいです。

ゲームや遊び（グループ内）

人間関係のとがりをとって、和ませることがねらいです。友達同士なんとなく仲よくさせます。

ここでは分割したグループ内で行います。基本的な流れは初期や中期と同じです。特別なことはありません。とがったところを和ませるという作業が加わるだけです。

例えば、王様じゃんけん、質問ゲーム、となりのとなり（○○の好きな□□君のとなりの……です）、「どこで・だれが・どうした」（5W1Hゲーム）、場面場面でのいとこさがしなど。

約三週間、4～8の対応を続け、子どもたちが落ち着いてきたのが確認できたら、次へ進みます。

ゲームや遊び（学級全体）

以上の活動がある程度うまくいったら、遊びを通して徐々にグループをくっつけて、仲よしの輪を大きくします。

「一人でやっても面白いけど、みんなでやるともっと面白くて、人数が増えたらさらにもっと面白い」という体験をさせます。

これには、なんでもバスケットが効果大。人数が多いほうが絶対に面白いからです。担任の先生やほかの先生も入って体育館でやります。「名探偵コナンの好きな人」というコールに子どもたちは大騒ぎとなります。

そのほか三角オニ、団結くずしもいいでしょう。広い場所で体を動かして大騒ぎをするのです。

ところでゲームには、もう一つねらいがあります。先生と子どもたちの人間関係を回復することです。そこで、先生も子どもたち一緒になってゲームを楽しみます。また、担任は前もって司会やリードの仕方を練習しておきます。

これらは、学級活動や道徳の時間にやります。たとえ道徳の時間でも、崩壊状態で道徳心を追求しようする前に、とりあえず子どもたちの抵抗やフラストレーションを発散させることが必要なのです。

共同活動

グループで詩集や壁新聞を作ります。テーマはできるだけ授業に絡めたものがベターです。

社会では、資料を分担して読み、まとめをくっつけ合わせ、最後にグループごとに発表会を行うことができます。発表が済んだら「質問してください」と聞き、なかったら次にどんどん進んでいきます。

こうすることで授業の時間短縮もできます。歴史の授業などもこの方式で行い、最後に先生が年表を渡します。「これに書き入れていこう、班で一個作ってみて」「教科書や、みんなが作ったまとめを見ながらやってごらん」という具合です。なお、社会や理科がこの形を取りやすいです。

学級を統合して続ける

これらの様子から判断し、全員が集合しても学級の悪いシステムが働かないようだったら、月曜日から特別の授業は終わり、もとの形態に戻ることを説明します。

一緒に入ってくれていた先生方がいなくなっても、担任の先生は、これまでに修正した授業の進め方や指示や注意・話し方で、学級経営を続けていきます。

子どもたちはほかの先生も同じように対応をしていたので、担任の対応に不平を言わなくなります。

ここまで、早くて六週間の日数を必要とします。周囲の先生も、このような対応が少なくとも二か月は続くと覚悟を決めて取り組むことが必要です。

保護者会の進め方

この段階では、保護者からの苦情の電話が学校へ入ります。学校はすでに強い不信感をもたれています。絶対にいけないのは、ズルズルやって「学校は隠した」と言われることです。早めに臨時保護者会を設定し、打って出るようにします。その場で、「やる！」という決意と具体策を説明するのです。

●保護者会のねらい

・保護者に不満や要求を十分に出し切ってもらう
・学校はこんなふうにやるという姿勢を示す
・「しばらく様子を見てほしい」と確認する
・保護者を通じて子どもにも学校の決意を伝える

●保護者会の概要

・事前の準備
1学級の実態を伝える
2保護者の意見や要求を十分に聞く
3学校から具体策と決意を述べる
4協力を呼びかける

先生のことば（●）と保護者の様子（☆）	解説
【事前の準備】 ⑴　担任，学年主任，校長，ＰＴＡ役員による話合い ①保護者の事情を教えてもらう。 ②学校と保護者をつないでもらえるよう協力を要請する ⑵　（上記をもとに）校長と担任による打ち合わせ ①情報を整理して，学級の問題点と対策を検討する ②臨時保護者会での保護者の発言を想定し返答に備える ③校長が担任を支える ⑶　教育相談係などが，接点のある保護者数人と話し，事情を聞いておく	●地域の実態によって保護者と学校の関係はさまざま。できればクラスのＰＴＡ役員につなぎ役をお願いしたい。 **■代表的な発言**：①授業について，②学級経営について，③個別配慮の不足，④教師のパーソナリティー批判，⑤特定の子について（「教育相談担当に個別にしばらく相談にのってもらう」と答える）

■⑵の③　校長が担任を支える実際

「今度の保護者会は厳しい１時間になるかもしれないけど，聞くだけ全部聞いていこう。君がそんな思いでやってきたのではないということは知っているよ。だけど，そういうふうに伝わってないってことだな。これから伝わるようにやってみようじゃないか。とりあえず今回は，君はつらいかもしれないけれど，長い教員生活，そんなことも１回や２回あるもんだ。のりきっていこうよ」。

■⑶　情報収集の実際

「このあたりのことはできるけど，これはむずかしいです。担任は急に変えられるものではないんです。それはできないんです」「学校としてできる範囲はこのへんですから，保護者会がエスカレートしてしまったら，『この中でできることを話し合おう』って，ちょっと言ってくれませんか」「たしかに担任も力不足でした。でも保護者と学校が悪い状態になったら，もっとたいへんなことになってしまいます」「学校側も，空いている先生を動員してみんなで対応します。これ以上は悪くならないように全力で取り組みます。協力して改善にあたっていただけませんか」。

保護者会

先生のことば(●)と保護者の様子(☆)	解説
【PTA 役員の呼びかけ】	
●役員：今回，学級について話し合いをもちたいという意見をいただきました。そこで学校にお願いして，臨時の保護者会を開いていただきました。今日は忌憚のないみなさんの意見と学校の意見を聞かせてもらう会にしたいと思います。できるだけみなさんで前向きに，問題解決につながるような会にしていきましょう。	●できれば，PTA 役員の方に会の趣旨を説明していただけるとありがたい。
【校長のあいさつ】	
●校長：いろいろなご意見や要求をいただき，学校側もできるだけ対応したいと存じます。どうかいろいろなご意見をお聞かせください。全部は対応できないかもしれませんが，できる限り対処してまいります。	●担任があいさつをしてもよいが，初めから言いわけをしてしまう場合もあるので，責任者があいさつしたほうがよいように思う。
【保護者の意見をうかがう】	
●司会：今日の保護者会は○時から○時までを予定しています。この時間の中で，みなさまのご意見をうかがって，それを聞きながら学校も方針や対応を述べていきます。	●司会は教頭か，教務主任，学年主任など。 ●時間を決め，会の枠組みをつくる。
●校長：担任の先生もがんばったのですが，いたらない点があったかと思います。どうかいろいろとお聞かせください。そして今よりよい方向へもっていきましょう。ところで，ここにいらっしゃらないお子さんや保護者の方のことが話題になる場合も考えられます。必要な話題もありましょうが，個人攻撃や欠席裁判のような形にならないよう，ご配慮いただければと存じます。ではよろしくお願いたします。 ☆保護者の意見が続く。	●担任はどこからも見える位置に座り，保護者の意見に耳を傾ける。 ●会の最低限のルールを決め，子どもと保護者を守る配慮を伝える。 ●とにかくたくさん意見を述べていただく。 ●すぐに意見が出ない場合，ＰＴＡ役員の方が「○○さん，どうです？」と話をふってくれるとありがたい。
●保護者の意見を聞いてメモを取る。担任や学校への批判にもいちいち反論しない。	●感情的な言葉も保護者の強い不安があってのこと。
●要求に対してはその都度答えず，司会役が「○○ということでよろしいでしょうか」と要約する。	●出てきた要求はいくつかにまとめておく。

■要求の実際例

・授業がつまらない，わからない　・うるさい子をしからない　・子どもの心に配慮していない
・担任の個人的な問題（怒りっぽい，ひいきなど）

■紛糾する場合の例

○感情的な発言：学校への注文が重なり収まりがつかなくなることがある。保護者から「今できることを考えましょう」と言われるとありがたい。学校側が言うと言いわけがましくなってしまいます。

○保護者同士の対立：いじめられている子といじめている子の親が言い争いになってしまうことがある。あらかじめ，ほかの子どものことや個人攻撃をしないようにルールを決めておくようにします。

○シビアな要求：先生を変えて。担任を選ぶシステムはどうなってるんだ。うちの子は６年間ずっと女の先生ばかり。うちの子はいつもある子にくっつけられている。学級編成はどうなっているんだ。
これらの今扱うことがむずかしい問題については，「その話題は，校内職員会議の年度末反省でみんな検討します。今回はこのクラスの問題に話題を絞って話し合っていただけますか」と話題を整理・修正して進行する。残りの学級生活がモアベターになる方法を話し合うよう焦点化するのです。

保護者会

先生のことば(●)と保護者の様子(☆)	解説
【学校から具体策を述べる】 ●校長：保護者のみなさまのご心配とご熱意を強く感じました。ありがとうございます。学校としては，最低限，傷つく子どもができるだけ少なくなるようにしたい，そして今年度の学習の部分を確実に保障したいと考えます。 ●学年主任：具体的にはこのように進めます。まず学級を○○つのグループに分けます。そして授業がわからなくて騒いでいる子が多いと思うので，個別にいっぱい対応できるよう先生を増やし，それぞれのグループに一人ずつつきます。担任のほか，○○先生，○○先生……が入ります。授業はこのようなプリントを使って遅れを取り戻します。授業，体育，給食，すべてこのティームティーチングというシステムで行います。放課後のこの時間には，学年の先生の協力を得て補習をします。傷ついたお子さんには，生活指導の先生が相談にのります。窓口は△△先生です。そして状況を1週間に一度学級便りを出して報告します。また子どもたちの感想を聞く時間を作るようにします。ご家庭でも子どもさんと話し合ってみてください。この状況がだいたい収まったら，通常の形に戻れるようにいたします。	●十分に保護者の方から意見を出していただいてから，学校の説明に入る。 ●「今のままがんばります」「善処します」では納得は得られない。必ず具体策で答える。 ●個別に怒るのではなく，わからない子どもに個別に教え，TTを拡大させて対処することを伝える。 ●サービスを増やすという趣旨を理解してもらう。 ●具体的な策を示して，保護者にひとまずは様子を見ようと理解してもらう。その時間に確実に対処して学級を変えていく。 ●できれば担任が答える。学校組織に絡む問題は管理職が答える。 ●話が細かな内容に及んだ場合は，「細かいところは，担任と学年主任と打ち合わせて，学校組織でやっていきますので」と言って課題を受け取る。
【学校から決意を述べる】 ●校長：すべてに応えたいという気持ちはありますが，学校組織の限界もあります。まずこれで挑戦したいと思います。学校全体で支援してやっていきますので，しばらく様子を見ていただけますようお願いいたします。子どもさんがたと一緒に再出発をすることになるので，どうかほかのクラスと比べるのではなく，昨日より今日がどうなったかという目で見てください。 ●担任：力足らずで申し訳ございません。このようにがんばってまいりたいと思います。保護者のみなさま，貴重なお時間を使っていただいてすみませんでした。私にとって非常に勉強になりました。ここからがんばっていきますので，どうかご協力のほど，よろしくお願いいたします。 ●司会：学校はいつでも開いています。何かあったらご意見をいただけますようお願いいたします。学校へのご意見はお子さんを通されると学級の取組みがうまくいかないことがあるのでお避けください。変化は急に現れるとは限りません。しばらくは様子を見てください。今日はどうもありがとうございました。	

※本案は一つのモデルです。実状に合わせ子どもたちや保護者の気持ちにそった会となるよう工夫してください。これを土台に問題解決的で理解し合える会が設定されることを祈っています（著者）。

学級を分解し再スタート

分割以外の方法

■ほかのクラスと合同で授業

ほかのクラスと合同にして、小さなグループに分けてグループ学習をさせる方法があります。ただし、崩壊がほかのクラスに飛び火する恐れもあり、協力を得るのがなかなか困難です。

内容はドリル形式で短い作業の繰り返しがよいです。

ただし大義名分が必要になります。例えば「学年のまとめ」「中学校までにはぜひともここまでは身につけてほしいから、段階別にやっていこう」「わからないところが同じ人が集まってやろう」という具合です。

この場合、よかったことが見える形で評価することが大切です。カードを作って、できたらどんどん色を塗っていくなどです。子どもたちは方向が見えなくてうろうろしているので、「君のがんばりはこうなった、こうなった」と見せていくことが大切です。低学年でよくやっている方法を応用します。

私も一人で二クラス同時に理科の授業をやったことがあります。けっこう楽しくやるものです。崩壊していたクラスの子どもたちにはパソコンをやらせていました。そこで隣のクラスの子どもたちにパソコンを教えさせたのです。すると教室では荒れ放題な子どもたちでしたが、喜んで一生懸命に教えていました。どんな子もやはり認められたいのです。

■学級全体にＴＴをつける

学級崩壊の状態では、三人チームのＴＴで授業を行うようにします。一人は授業を行う先生、もう一人は生活指導の先生です。そして担任は個別にフォローする係になります。こうすると子どもたちはなんとかもちます。

ただし、これには条件があります。担任以外の先生は、子どもたちから目の敵にされるので覚悟が必要です。

また、担任の先生がこうした協力をありがたく感じられることが必要です。自分の仕事を分担してもらっているという実感がないと、例えば「○○先生が怒るから△△しないようにしようね」など言ってしまうことがあります。これでは、子どもたちはルールを自分たちのものとして獲得することができません。

■授業だけ分割する

グループ学習のときにＴＴに入ってもらうという方法もあります。

その先生には、怒るためにではなくて、学習の方向が二つか三つに分かれるからという目的で入ってもらいます。例えば、単純な計算問題をやるグループ、文章問題をやるグループという具合です。

今は空き教室がけっこうあるので、部屋を分けてしまってもよいでしょう。「このグループは図書室でやろうか」「このグループは視聴覚室でやろうか」という具合です。

私の場合、基礎問題はパソコンソフトがありますから、それを使わせることが多かったです。

荒れた子どもとの接し方

■コツ

すべての先生が，歩調をそろえて，一人一人を説得する。

■きびしさがたりないのか

崩壊した学級の子どもたちは、学校中の先生に反抗し、顔を合わせる先生にいつでもどこでもしかられるようになっています。分解された小グループでしかられ、一年から六年まで一緒にやるたてわり掃除でしかられ、クラブ担当の先生にしかられ、委員会担当の先生にもしかられる。子どもたちは「どうせ私たちは！」とやけになり、いっそう反抗を強めます。

そのようなとき、例えば私の介入した学校でもそうだったのですが、「徹底的に厳しくしなければあの子たちは直らない」「特に男の先生は厳しくやってほしい」という声が学年や学校で強くなります。若い生活指導主任の先生は、子どもたちを殴らないわけにはいかなくなります。その結果、彼の車が石ころでガリガリと傷つけられることがありました。

そんな子どもたちですが、実は本人たちも悪いとは思っているのです。ただ、どうしたらいいかわからないのです。

だから、リレーションづくりから入るしかないと思うのです。

■ちょっとでもいいところはほめる

学級を分割して、一人の先生が六～十人程度の子どもたちの面倒をみます。そのときの対応は、ほめることが主体です。

スタート段階で子どもたちは再契約をしています。そのときよりも、ちょっとよくなったらほめてあげます。前と比べてよくなったことは、どんな小さいことでもとにかくほめます。決してほかの学級と比べてはいけません。

■昨日と同じにできたことをほめる

昨日と比べて今日はなんの変化がないとしても、

「君たち、こういうふうにやって、二日間もできたんだなあ」

とほめます。

先生が相手にする子どもが少ないと、いろいろ見えるのでほめるところがいっぱいあります。相手がたくさんだと、ぼやけて見えにくくなります。少数を多くの先生が見て援助するという発想です。

そうはいっても、悪い行いを野放しにするわけにはいきません。ただいくらしかっても反発しか生まれないので、ここでは説得するしかありません。その積み重ねなのです。

■一人にして説得する

このようなときに子どもたちは必ず二～三人で固まり、グループで行動します。外に出たときに先生に怒られることがわかっているからです。だから一人一人に説得するのです。

例えば掃除が早く終わったら、「じゃあ今日はみんな早く帰っていいよ。今日はA子残りなさい」と言って残す。学級のシステムが壊れているので、そのシステムに乗せていくら説教してもダメです。システムをはずして、一人一人で話さなければいけないのです。

■学級や仲間と切り離して理解させる

例えば、たてわり清掃でふざけていたA子を、担任以外の先生が

指示と注意・話し方を変える

注意するときも、システムと切り離してしかることを徹底します。

「私はいつもクラスでもこうだもん」と言うA子に対して、「そうか、あなたのクラスはそうなっているんだね。でも先生のこの掃除の場面では、こういうルールだから、君はそれができていないんだから、私は注意するよ」という感じで入り、違うシステムであることを強調します。さらに、「あなたたちの学級はほんとにそれでいいの。いいと思ってる?」ともう一言加えます。だいたい「べつに」と答えますが、本人はそんなことは思っていません。勉強も遅れて困っているのです。

集団のルールを乱したら「うちのクラスはそういうルールじゃないぞ」「ここのクラブにいるかぎり、こういうふうに動いてほしいんだ」と説得するように、クラブや掃除を担当する先生方と共通理解をすることが大切です。

■損得で気づかせる

崩壊した学級では、子どももどうしていいかわからなくなっています。ただ「つまらない授業を聞くよりは、ちゃかしたほうがいい」ぐらいに思っています。ですから「○○君、損得考えたか?」と問います。

例えば、「三組はこんな状態だけど、一組はみんな勉強やっている。みんな一緒に中学校へ行くんだぞ。するとやっていない部分もでてくる。それはやっぱり損だな……」という具合です。

なかには、塾できっちり補っている子どももいます。そういう子は「関係ねえよ」と言うでしょう。それには次のように対応します。

「そうか、君は関係ないかもしれない。塾へ行っているからなあ。でも塾へ行っていない仲間はどうなるんだ」

「知らねえ」

「(周りにいた別な子に)B君さあ、『知らねえ』って言われてどんな気持ちがした?」

「やばいって気がした」

「そうだよなあ。君たちいつもくっついているけど、先生からすると意外と寂しいような気がするなあ」

荒れた学級では、本当の友情というのはすごく少ないものです。これで少し気づき始めるのです。

■人のせいにさせない

この状態の子どもたちは何でも人のせいにします。「あいつもやってるじゃん」という言葉の連発です。周りのせいで自分も仕方なくこうなっているんだという、逃げの気持ちがあるのです。これは徹底的につぶしていきます。

「今は君の話です」

「人はどうでもいいの。あなたはどうなの?」

「あいつってだれのことかな?」

「じゃあ、その人のことは○○先生、話を聞いてあげてください。君の話は僕が聞こうか」

このように言って、人ごとにせずに話を進めます。悪いシステムにからめ取られている部分は徹底的につくのです。

すると子どもたちは休み時間にグチを言い合います。「あの先生もそう言った」「この先生もそう言った」「担任もそう言っている」。

「じゃあ、先生ってみんなそうなんだ」と言いながらも、ほめられていてうれしい部分がある。再スタートする前よりも、細かく勉強を教えてくれて、なおかつほめてくれる。「担任も実はそういうふうにしていたんだ」と徐々にわかってくるのです。

個別援助の必要性

■相談の窓口を作る

個別相談の窓口は、放課後に毎日（または週に数日）、担任や生活指導部か教育相談部の先生が、場所をつくって待っているようにします。

口頭による案内のほか、掲示や学級便りで「相談室（空き教室）で○時から○時まで、いじめられているとか、困っていることがあったら相談に来てください」と知らせます。

■どの子も個別対応が必要

学級が荒れているとき、まじめにがんばろうとしている子が困っていることに注意する必要があります。クラスがめちゃくちゃになって、居場所がなくなり、いつ自分に被害が及ぶかわからないのです。いっぽうで、暴れている子たちも相談室を居場所にします。そこで彼らも不安を口にします。勉強が遅れることを親からも言われ、「先生どうすればいいの」とそれなりには気になっているのです。

■相談室のルールを教える

いろいろな子どもがやってくる相談室は、それなりの交通整理が必要です。「先生、僕らは個人的に相談したいのであいつらはいやです」と、仲の悪いグループを排除しようとする態度も見られます。「そうか、ここのシステムは順番なんだ。君たちは後に来たからとなりの視聴覚室で待っていなさい」と待たせます。そして多くは「あいつらなんか言ってた？」と言うので、「彼らは彼らのこと。私は君のことを話すために時間をとったんだ。そのために君は来たんだろ？　だから彼らの話はどうでもいいんだ」。「私は彼らと相談するときは、彼らにとって一番いい形を考えるし、君たちが来たときは君たちにとって一番いいことを当然考えるよ」と話すのです。

■不満を口に出せる場

子どもが本音を出せる相談室は、「あの先生に言ってもほかの先生に伝わらない」と子どもたちに知られることが条件です。しかし、それがほかの先生からは問題視されることもあります。特に担任以外の先生が相談にのった場合です。

ですから基本のルールを作ります。グチは十分に聞いてあげます。最後に「スッキリした？」と確認します。それで納得できた子は、それでいいのです。話して気持ちが楽になる「カタルシス」の効果が大切なのです。

ただ、本人が話すだけではすまない、解決したい問題があるときは、必要ならばほかの先生にも相談することに同意させたうえで話を進めます。その内容は、担任、管理職にも報告します。子どもには、先生たちも協力しなければ十分な対応ができないことを理解させます。

教師間で報告し合い、共通理解すべきことは何かを事前に確認しておくことが大切です。

第 4 章
心を育てる援助スキル

心を育てる人間愛とその伝え方

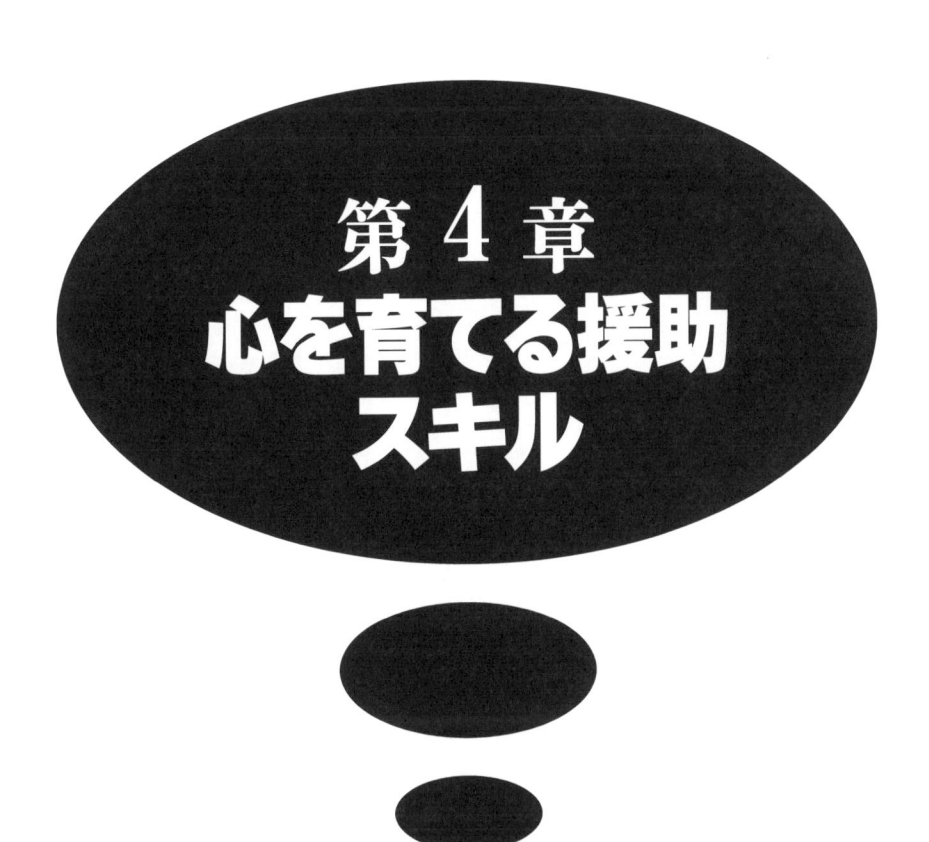

心を育てる援助とは何か

第四章では、心を育てる「援助」を取り上げました。すなわち、①学級に、ひいてはこの社会に子どもの居場所をつくり、②自発的な心の発達を促す働きかけのことです。

援助は甘やかしか

学級担任制をとる小学校で、子どもたちの生活に一番影響を与えるのは先生です。子どもたちは、学級という社会で、一人の人間として初めて生活します。ですから、学習指導と生活指導のほかに、子どもがうまく自己を確立していけるように適切に援助することも大切なのです。

今までなら、先生や級友や地域の大人とのかかわりの中で、自然に身についていく部分も多くありました。しかし、現代の子どもたちは人間関係が希薄です。意識して先生が手助けしなければ、そのようなチャンスを逃してしまうのです。

こうすれば援助できる

援助の原理は、人間関係のつながり（リレーション）をつくり、それをもとに自己の確立をうながします。育てるカウンセリングの原理です。

1つながりづくり

①先生と子どものリレーションづくり

②子ども同士のリレーションづくり

2自己の確立を促進

①先生がモデリングの対象となる

②子ども同士のモデリングとフィードバックを促す

③子どもに体験の意味を気づかせる

先生と子どものつながり

今の子どもたちは、「心のつながり」づくりから始める必要があります。第一歩が先生と子どもの心のつながりです。

人間関係が稀薄になった結果、子どもたちは相手の心を察する力が低下しています。先生がどんなに子どもを愛している、尊重しているという思いを抱いて接していても、それだけではたりません。折にふれ、「君を大事に思っているよ」と、子どもたちにわかる形で伝えてあげることが必要です。

そして、子どもたちが先生に親しみを感じられる時間や活動を用意します。

子ども同士のつながり

自己を確立するには、その子を取り巻く「他者の存在」が大切です。人は自分と他者を比べることで、次第に自分らしさに気づいていきます。

まずは、友達づくりのきっかけを、先生が意図的につくります。二人組から始めて、無理のないよう徐々に四人、八人と輪を大きくしていきます。

先生がモデリング対象に

傷つくことを恐れる子どもたち。友達に嫌われたくないという思いが強く、ますます人間関係が表面的になっています。

これを崩すのが先生です。「先生はみんなと心からふれあいたいんだ！」と望んでいることを、身をもって示すのです。そのためには先生としてだけではなく、ときに一人の人間として子どもたちにぶつかり、かかわっていきます。

子どもたちはこのような先生の姿を見ているうちに、しだいに心を開くでしょう。

そして、先生のようになりたいとまねするようになります。

このとき、先生が自分自身の生き方や考え方を折にふれて語ると、そこからも子どもは学んでいくことができます。

特に子どもたちに伝えたい考え方の一つは、「一人一人は違う。だけどみんな大事なんだ」ということです。先生は、学習と生活指導で悪い癖をもっている子を低く評価してしまいがちです。それを子どもたちが感じ取ったら、学級内にも序列ができていきます。先生自身が多様なものさしをもって、一人一人を大切にする態度を見せたいものです。

モデリングとフィードバック

心の発達を援助するとは、子ども自身が自分のあり方を考えていくプロセスを支えることです。子ども一人一人の個性や価値観が重視されるのです。したがって、先生が正しいと思うことを教え込むのとは違います。では、どうしたらよいのでしょう。

自分のしたことや考えに対し、ほかの人から意見や感想をもらうことを「フィードバック」といいます。ほかの人がしていることを見て、まねするのを「モデリング」といいます。教育力のある学級には、モデリングとよいフィードバックがたくさんあります。そこで、これらが活発にできるように援助するのです。

意味を解説する

・学級の中に受け入れられようとする
・自分らしくふるまおうとする
・友達の存在を受容しようとする
・体験したことの意味を考えようとする

こうした子どもたちの行動は、その都度取り上げて解説してやらなければ、生活の中で漠然と流れていってしまいます。この漠然とした気づきに光を当て、その子自身にとっての意味を考えさせるような営み、これが援助なのです。

例えば、こんなふうに子どもの得意なところをとりあげてみんなに知らせます。

いつもおとなしくて、目立たないＡ子、放っておけばいじめられてしまうタイプの女の子の話です。

ある日、給食の残りのパンと牛乳を飲みながら居残り勉強をやっていました。私が牛乳瓶をひっかけて割ってしまうと、Ａ子はさっと雑巾とちりとりをもって片づけ始めました。「こういうことやるの？」と聞くと、「ちっちゃな赤ちゃんがいるし、いつもやっている」と言います。

別な日の給食の時間。にぎやかな食事中にだれかが牛乳瓶を割りました。周りの子どもたちは「ああっ！」と言いながらあわてています。私が「Ａ子、ちょっとやってくれない」と頼むと、「はあい」と言って、きれいに片づけてくれました。

帰りの会でそのことを取り上げました。「Ｂ君、やってもらってどんな感じだった？」と聞くと、「お母さんみたいな感じがした。うれしかった」と言います。

子どものいろいろな力は、先生が取り上げて解説してあげなくてはわかりません。ふだんのにぎやかさにかき消されたら、Ａ子のやったことはだれにもわからないのです。だから、学習面、生活面以外にも、もっといっぱいあるんだよと、言ってあげることが大切なのです。

個人へのポイント　1

君が大切だよと伝え続ける

■改善例

歩いているのを見つけたら、「A君、おはよう」と先生のほうからあいさつします。そして、「学芸会の役の練習は進んでいるかい？」と一緒に歩きながら会話します。

校帽忘れを指摘する場合は、この後に、「あれ？　校帽どうしたの？」「忘れたのか？」「明日はちゃんとかぶっておいで」と促すようにします。

どうするの？

子どもは先生に気にかけてほしいもの。自分のことをいろいろと知ってほしいものです。ですから、先生から子どもに気さくに話しかけていくことは大切です。気にかけていることが、子どもたちに伝わるからです。

話題は、学習指導や生徒指導の評価ではなく、他のことをきっかけにします。例えば空手を習っている子どもがいたら、「A君、いま、空手で何の型をやっているんだい」「先生は平安四段の型がむずかしかったな」という具合に話しかけます。

また、子どもは先生に甘えたいものです。お兄さんお姉さんのように、お父さんお母さんのように、そしておじいちゃんおばあちゃんのようにです。「特別な用はないけれど、なんだか先生のそばに寄っていきたい」と思えるよう、ゆったりとした時間を意識してつくるようにしたいものです。

先生ととりとめのない話をするなかで、子どもは甘えたい欲求を満たしていきます。なかには先生のひざに乗りたがる子どももいるでしょう。

このようなかかわりを通して、「一人一人はみんな違う。違っていてだれもが大切なんだよ」というメッセージを伝えます。先生の言葉や態度から、子どもたちが自然に感じ取れるようにするのです。

そのほかの場面では？

「A君、おはよう」「Bさん、ありがとう」という気さくなあいさつも、「先生は君のことを認めているよ」というメッセージです。子どもから返事がなくても、辛抱強くメッセージを送り続けることが大切です。

その際、その子どもの名前を呼んであいさつをしたら、「昨日の体育のときに転んだ傷はどうだい？」と私的な会話を一言つけ加えるようにします。これだけで、子どもは先生に気にかけてもらっていることを強く感じることができます。

また、先生自身と子どもの共通点を見つけ、それを言葉がけの話題に積極的に活用するのもいいでしょう。

個人へのポイント 2

ほめて育てる

図工で、たっぷり
個別作業の
時間をとった。
早くやりなさい!
あと20分しか
ないよ。

■改善例

「A男君、じっくり考えているね」とまずはその子を認めます。

そして「いまどんなことを考えているのかな」と十分を過ぎたあたりで一度声をかけます。このようにしてA男に話させることで、考えを明確にしてあげることができます。見通しがもてたA男は、再び取り組むようになります。

どうするの?

ほめられると、ほめられたよい面がさらに伸び、マイナスだった面もつられてよくなります。したがって、子どもはおおいにほめたほうがいいのです。

しかし、ほめるとは何でもよく言ってお世辞を言うことではありません。ほめるときは、①その子なりにがんばっていた様子、②自主的にやろうとした意欲を大切にします。

学年始めの段階では、人の悪ふざけに同調しなかったことなど、ちょっとしたことでも大切な意味をもちます。そのような場面をとらえ、先生が、うなずいたり、ほほえんだり、ほめたりすると、子どもたちは「これでいいんだ」「いいことなんだ」「これをしっかりやろう」という気持ちになるのです。

ほめるためには、常にプラス思考をします。例えば、短所を長所に見る方法があります。「注意散漫な子」を「好奇心旺盛な子」と言い換えるのです。そうしているうちに、必ずほめるところが見えてきます。

一見欠点に思われるその子の特徴も、周りに認められる形でうまく表現できるようにしてやります。このように援助すると、子どもは自分を好きになることができ、自分を受容できるようになるのです。

自分を十分に受け入れられる人間は、ありのままの他人を受け入れられるようになります。つまり、自分を受容できる子どもは友達を受容できるのです。欠点を突きつけられても、それを受け入れ、修正しようとする意欲に変えることができます。

自分を受容できていない子どもの場合、強く言われればそのとおりにしようとしますが、自らそうしようとは思いません。

そのほかの場面では?

子ども本人も気づいているさぼりなどは、やはり注意することが必要です。ふだん自分をほめてくれている先生の注意ならば、ほんの少しの注意でも効果は絶大でしょう。逆のパターンに陥るのには注意したいものです。

個人へのポイント 3

教師面以外に一人の自分を開示する

■改善例
B男を泣かし立ちつくすA男に、「暴力をふるうほど悔しかったのかな」と言葉をかけ、子どものころの似たような話を聞かせます。ポイントは、暴力に訴えるほど悔しい時があること、暴力をふるったあとのむなしい気持ちを盛り込むこと。
聞いていた二人も、自分のこととして考えようとするでしょう。

どうするの?

「教師面」とは、子どもに対して常に教師の役割で対応することです。正しく教え導く教師像を徹底することは素晴らしいことですが、いつもそうだとしたら、子どもはしだいに息苦しさを感じます。自分のしていることを、常に先生から評価されている気分になるからです。

この状態が続くと、子どもはなんでも「やらされている」気分になってきます。そして、そこに一人の人間として先生の本音が見えないとき、子どもは心の距離を遠くしてしまうのです。

心の距離を遠ざけないためには、

①現在の自分のこと
②子どものころの自分のこと
③いま考えていること
④そのときの出来事に対しての感情

を、先生ができるだけ率直に語ります。

このような「自己開示」をしていくと、子どもは先生に親しさを感じるようになります。親しさが感じられれば、口うるさいお説教も「自分たちのため」と感じることができます。

自己開示の内容は、自慢話にならないように注意します。また、失敗例を話すことは有効ですが、その失敗を自分がどう受けとめ、失敗から何を学んだのかを伝えることが大切です。まだわだかまりの残るような失敗を語ってしまうと、どうしてもにがにがしく自己否定的になります。それを聞いた子どもも後味が悪く、先生に対する信頼感は生まれにくいからです。

そのほかの場面では?

授業や学級指導のとき、そのとき起こった出来事にちなんだ話を自己開示するのもいいでしょう。

例えば仲間外れの問題を取り上げるとき、まずは自分が子どものころの似たような話をしてあげるのです。

「そのとき仲間外れにした子のことを思うと、今も自分自身がいやになり、悲しくなるよ」と自己開示すれば、強くしかられるよりも、子どもたちの心に響いていくでしょう。

個人へのポイント 4

魅力あるイメージづくり

■改善例

体育終了後、先生も速やかに着替え、チャイムの五分前には体育館へ行きます。チャイムが鳴るまでは、整列して座らせた子どもの間を周りながら一時の会話を楽しみます。そして、チャイムと同時に列の前に立つようにします。

遅れてきた子には理由を尋ね、次は遅れないように念を押します。

どうするの？

前述のように、心の距離を縮めるのに自己開示は有効です。それを一歩進めると、先生のよいイメージを積極的に子どもたちに伝えていくことになります。例えば、そばにいたくなる、好感がもてる、一緒にいると元気が出てくるといったイメージの先生には、子どもの信頼感はぐっと強まるでしょう。

一般に、先生が子どもに伝えるとよいイメージは次の四点です。これは、性別、年齢にかかわらず共通です。

①人間だから失敗もするが、その失敗から学ぼうとする人間である

②自分からやろうとする熱意と、取り組みの過程を大事にする人間である

③いろいろな人とかかわるのが大好きな人間である

④楽しいことや面白いことを、子どものように楽しめる人間である

ただし、これらは話して聞かせるだけではたりません。先生の日々の行動に、一貫して見える形で示すことが必要です。

例えば①について、先生の計画が悪く集会の準備が遅れてしまったときは、計画が甘かったと素直に子どもたちに謝ります。そして「次からはこうします」と改善策を伝え、別の機会に実行します。また②③については、休み時間に子どもたちとドッジボールをするときなど、遊んでやっているという感じではなく、自分自身が思いっきり楽しんでいるところを見せます。

ところで、信頼感が深まるにつれ、子どもは先生のイメージをまね し始めます。先生のようになりたいと思うからです。したがって、先生のイメージは子どもに身につけさせたいことのモデルになります。伝えたいイメージに合った内容を、意識して自己開示していくことも有効です。

そのほかの場面では？

雨の日の休み時間はチャンスです。意識して教室でくつろぎ、集まってきた子どもとおしゃべりの花を咲かせます。このとき、事務的な仕事を片手間にやっていては、効果が半減します。

個人へのポイント 5

遊び心とユーモアを大切にする

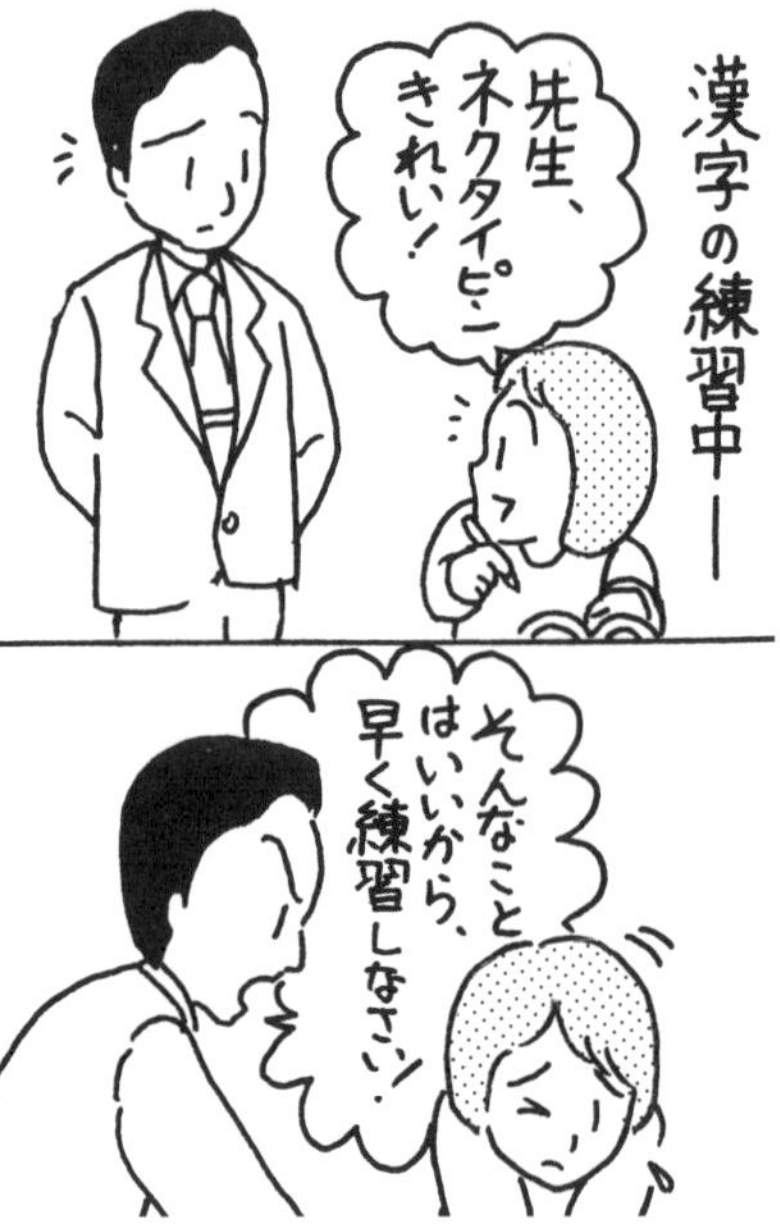
漢字の練習中ーー
先生、ネクタイピン きれい!
そんなことはいいから、早く練習しなさい!

■改善例

授業中、机間指導の際に「先生のネクタイピンきれ～い」と突然子どもが声をかけてたときは、「うれしいね、ありがとう」「休み時間にじっくり見せてあげるからね」「あともう少しだね、がんばろう」と、「子ども心」を受け止めつつ、課題に取り組むことを促します。

どうするの?

大人でも、趣味やスポーツなど、遊び心を満たす活動は楽しいものです。遊びは「子ども心」をまる出しにして、本音と本音の感情交流を促進します。またふだんの役割から解き放たれ、ありのままの自分を認めてもらうことができます。

子どもは、たとえ授業中でもしばしば「子ども心」の交流を求めてきます。これは「自分を認めてほしい」というサインです。先生も子ども心を発揮して応えてあげると、安心感が生まれ、心の絆が強まります。指導はその後です。

ふだんから先生に遊び心があると、このように子どもとの心の距離がグッと縮まってきます。「先生は自分に心を開いてくれている」という思いが、子どもの心も開かせるのです。

そこで、遊び心を一緒に満たせるよう、遊びの要素を含む活動を意識して盛り込むようにします。特にクラス替えをしたばかりの学級では、いろいろな活動に子どもと先生が一緒になって遊べる要素を入れるようにします。

例えば休み時間には、ルールを教えながら三角オニを一緒にやります。好きなものをテーマにした「なんでもバスケット」に、自己紹介をかねて参加するのもいいでしょう。そのときは先生も、子ども心にかえってキャーキャー言いながら十分に楽しみます。遊び心を上手に表現することがコツです。

ユーモアも、遊び心の発揮につながります。ユーモアやジョークは、「私はあなたを攻撃しませんよ」という見えないメッセージです。子どもはそれを受け取って、先生に対する緊張や不安を軽減させ、人間的な関心をもってくれるのです。

ただし、子どもの失敗を皮肉ったようなブラックジョークはいけません。クラスのほとんどの子どもが大笑いをしたとしても、ターゲットになった子どもは傷つくことが多いのです。

そのほかの場面では?

「すごい」「きれいだねー」という、素直な感情を表現することも「子ども心」の発揮につながります。子どもたちもそれを見て、自分の感情を率直に表現するようになるのです。

集団へのポイント　１

楽しい体験を共有させる

新しい生活班ができました。
給食当番や掃除当番をみんなで仲良くやりましょう。

■改善例

給食当番や掃除当番を一緒に行う生活班をつくったら、班ごとに十分くらいネームゲームをします。
　次に、好きな食べ物と自分の名前を言いながら、班の全員と握手させます。
　最後は、班で輪になって向き合い、先生の合図で「よろしくお願いします」とあいさつして終了します。

どうするの？

学年始めには、先生と子どもの心の距離を近づけるのと同時に、新しいクラスメートへの警戒心や不安をしっかりと取り払うよう、さまざまな活動を行います。これができていないと、先生の指示で活発に活動しているように見えても、子ども同士によそよそしさが残ったり、友人関係が深まらないことが多くあります。

　したがって、どろけい、三角オニ、何でもバスケットなどのみんなで楽しめる遊びや、県名ビンゴ、漢字しりとりなどのクイズを学級生活の中に定期的に取り入れることが重要です（第三章参照）。

　楽しく遊んでいると心が素直になり、楽しさを共有できた仲間とは急速に仲よくなるからです。

　特にクラス替えをしたばかりの一学期は、この時間を十分に設定します。「クラスのみんなが好きな遊びは○○だ」と思えるくらいになるまでが目安です。これを友人関係が固定する前に行うことで、友達になるきっかけの種をたくさんクラス中にまくのです。

　この有無は二学期に差となって現れます。二学期になると小グループがたくさんできがちですが、これらが対立するか、それともより大きな集団に結びつくかの分かれ道は、実はここにあるのです。

　ただこのような取り組みも、元気がいい子どもが好むスポーツ系に偏らないよう注意が必要です。５Ｗ１Ｈゲームなど、おとなしい子どもも楽しめるレパートリーを工夫する必要があります。子ども一人一人のニーズに、たえず気を配っておくことが大事です。

そのほかの場面では？

　生活班やグループ学習の班を新しくつくったときにも、メンバーが一緒に楽しめる活動を取り入れます。こうするとチームワークが生まれやすくなり、活動意欲が高まります。

集団へのポイント 2

みんな違って みんないい を感じさせる

■改善例

大会の前に、各自が特に注目する人を二人決めておき、一生懸命取り組んだこと、素晴らしいなと思ったことを見つけさせます。こうすると、「A君が素早く動きながら一生懸命審判をやっていた」「声が大きいC子さんの応援を聞いて、とても元気がでた」など、一人一人の存在を認める発表ができるようになります。

どうするの?

自分の担任する学級をしきりに「うちの子どもたち」と言うことがあります。こんな言葉に気がついたなら、子どもたちを画一的にとらえているサインです。

また「明るく元気な仲間たち」と、一つの方向に子どもたちをまとめてしまう場合もあります。これは、子どもたちの共通点を強調し、それを接着剤にしてまとめようとするものです。

これでは一人一人の違っている部分が軽視されがちになり、子どもたちの欲求不満が発生します。

学級集団を育てるときの大原則は、次の三つです。

①一人一人に違い（個性）があることを認め
②ともにかかわることで楽しさや喜びが深まることを
③体験的に学ばせる

「一人一人はみんな違う」ことが前提です。そのうえで共通点を見つけるからこそ、大きな喜びが得られるのです。

そのためには、みんなで楽しんだ活動の後に、感想を言い合う場面をつくるようにします。取り組んだ内容が同じでも、感じ方は人それぞれであることをいつも意識させるのです。

クラス替え直後は、係活動や朝の会・帰りの会のスピーチなどで、すべての子どもたちの出番を確保します。その子が学級の中にいること、係などの役割を通してみんなに影響を与えていることが認められるように、意識して場面を設定するのです。

そのほかの場面では?

子どもにはいろいろな面があります。子どもを認めるものさしは、学級にできるだけ多くあるほうが望ましいのです。それが一人一人の個性を育てることにつながります。

このものさしが勉強やスポーツに限られていると、認められる子が固定して子どもたちに上下関係が生まれてきます。

まずは先生が、結果だけでなく、「取り組む過程」を意識して評価してあげることが大事です。

集団へのポイント　3

友達づくりのきっかけを演出する

２人組づくり

席替え直後ー
席が決まったら六人組で班をつくりなさい。
班長、副班長を決めて下さい。
では、今日の給食は…。

■**改善例**

席がえをしたら、「サケとサメ」という手遊びゲームや「質問ゲーム」で、隣の人と仲よくなるきっかけをつくります。

六人くらいの班で行う活動も、二人一組で仕事ができるように分担し、それと同時に六人でも楽しいゲームを行います。班長・副班長はペアで仕事をさせ、一週間ずつ交替で取り組ませます。

どうするの？

「仲間づくり」は小学校時代の最も大切な発達課題です。

最近の子どもたちは、人づきあいが苦手になっています。少子化で過保護に育っている子が多く、自分の欲求を満たしたいという思いが強いのです。反面、傷つくことにとても弱く、それでいて相手の気持ちを察することが少ないのです。

学級はそんな子どもたちが一緒に生活するので、放っておけばトラブルが多発します。また、トラブルを恐れて友達づくりに消極的になることもあります。

仲間とは、共感したり衝突したりしながら、互いの内面に深く影響を与える友達のことです。傷つけ合う危険のない少数の友達ではありません。そこで、子どもたちの仲間づくりを演出し、広く深い関係をもてるように援助します。

まずは二人組からです。楽しい活動を十分に取り入れ、先生や級友に対する不安がある程度減少したら、二人組をつくります。「二者関係」は対人関係の基本単位です。

二人ずつの席を決めたら、初めは質問ゲームや学習ゲームなどで交流のきっかけを与えます。

そして同時に、二人組でできる係活動や協同作業に取り組ませます。役割交流と感情交流がうまくからむと、心の距離がぐっと近づきやすくなるのです。

活動後には、相手のよかったところや前よりもよくなったところを話し合わせます。

このようにして、学級の八割程度の子どもがうまく二人組をつくれるようになったら、ペアを変えます。

二人組は、少なくとも三回は繰り返します。ペアは同性同士から始め、十分に慣れてきたら異性同士でも取り組ませるといいでしょう。

そのほかの場面では？

六人くらいの生活班や係活動も、初めはこのペアを単位にします。仕事の内容を分け、ペアごとに取り組めるよう配慮するのです。同時に、班全員で楽しめる活動を取り入れていきます。

集団へのポイント　4

無理なく友達関係を広げる

4人組（小集団）づくり

四月最初の体育
よーし、ドッジボールを楽しむぞ！
キャー
わざとやったな！
そら、どうだ！

■改善例

クラス替えして間もないときの体育では、子どもたちに不安が見られます。そこで、準備運動がわりに、「人間ボウリング」や「どろけい」など、楽しいけれどあまり勝ち負けを意識しない活動を取り入れます。

どうするの？

前述のように「二人組」を三回ほど経験すると、周りの子どもから無視される子どもはいなくなります。そうしたら、二人組を二つ合体させて四人組をつくります。小集団単位で、生活班や係活動、協同の学習活動に取り組ませるのです。

初めは四人にあたたかい雰囲気をつくるため、グループで楽しめる遊びを取り入れます。活動の後には、互いに取り組みのいいところを評価させます。

四人程度のグループ（小集団）は、計画的に援助しなくても簡単にできると思われがちです。しかし、適切な援助をするかどうかは、その後の集団の形成に大きな差を及ぼします。

なんとなく集まったグループの場合は、他のグループと対立しがちです。自分たちの結束を固めるために、共通の敵や共通の秘密をつくりだすからです。対立しているうちに、グループの間には地位の階層が生じてきます。また、グループのメンバー同士が当たり障りのない関係に終始したり、グループに所属させるためのいじめが起こることもあります。

ですから、四人が十分に親しくなれるよう援助することが必要なのです。ここで急いではいけません。四人組に満足すれば、子どもたちは自然に友達の輪を広げようとするからです。

こうして、子どもたちが何回か四人組を体験することができたら、四人組を二つ合体させて、八人組（中集団）を組織します。やることは二人組、四人組の場合と同じです。

ただし八人組の場合、複数の子どもが同じ役割（例えばリーダー）になろうとする場合があります。そのため、グループでの話し合いの進め方や、役割をローテーションで回す方法などを教えておくことが必要になります。

どんなときに？

体育の種目などは絶好の材料です。二人組では鉄棒や持久走、四人組ではポートボールやバスケット、八人組ではサッカーや大縄跳びなどが、活用しやすいでしょう。いずれにしても、勝敗にこだわりすぎないよう注意することが必要です。

集団へのポイント５

モデリングを促進する

どうするの？

学ぶことは本来一人でできるもの。それを子どもたちを集めて教育するのは、時間的・経済的な効率のためだけでしょうか。

答えはいいえです。**子どもは先生に教わるのと同じくらい、友達とのかかわりを通して多くのことに気づき、自ら学んでいくのです。**人に好かれる態度、ユニークな考え方、効果的な練習方法などを、級友の行動や態度を見てまねすることで身につけていきます。これをモデリングといいます。

モデリングを進めるためには、①友達のいいところを発見し、②そこからできるだけ多くのことに気づき、③自分なりにうまく取り入れられるよう、先生が援助します。

⑴学級会や帰りの会で

学級活動や帰りの会はチャンスです。子どもの価値ある行動や態度を取り上げ、その意味と価値を説明します。その際は、どんな心構えで行えばよいのか、どんなふうにやればできるのかについても具体的に解説します。

手本として取り上げるときは、「だれがすごいか」ではなく、その人が取り組んだ過程、行動、態度にスポットを当てることが大事です。人物に関心が集まると無用な嫉妬が生まれます。「あの人だからできたんだ。自分には無理だ」という気持ちになり、かえって学習効果を妨げる結果となってしまいます。

⑵定期的に互いを認め合う活動

友達の行動や態度を、意識して見るような雰囲気をつくることも大切です。互いの活動を評価し合えるよう、「いいところさがし」「ありがとうカード」「がんばり賞あげよっと」などを定期的に実施します。このようにしていくと、子どもたちは、先生に言われなくても自ら学んでいくようになります。

そのほかの場面では？

例えば理科の時間では、生活に密着したを面白い仮説を立てた子どもを取り上げます。その子がどういうふうに考えたのか、過程を説明してもらうのです。

■改善例

漢字テストで連続満点のA君には、「A君はテストでミスが少ないね。その秘訣を話してくれませんか」と尋ね、その取り組みに注目を集めます。A君が答えたら、「なるほど、短い時間を繰り返し練習することと、まぎらわしい漢字はいっしょに覚えることが秘訣なんだね」「みんなも参考にしてみて」と全員に返します。

集団へのポイント 6

フィードバックを促進する

■改善例

学級内のバスケットボールの試合の後、「今日A君が敵に囲まれたとき、相手かまわず遠くにパスをしてしまったけど、それではチームが不利になってしまうと思うんだ」「敵に囲まれたら、必ず近くの人二人が声をかけながら、パスをとりにいこうよ」という具合に、どうすればよいのかの対策もつけ加えます。

どうするの？

フィードバックとは、相手に対して感じたことや思ったことを伝えることです。例えば、「○○君、マラソン大会の練習がんばっているね。今日は先生も走らせてよ」という具合です。

友達からいいフィードバックをもらったときは、自分に自信がもて、新しい目標に挑戦する意欲がわいてきます。そのためにも、フィードバックの内容は、あたたかく率直で、建設的であることが必要です。

よいフィードバックを促進するためには、まず学級のあたたかい雰囲気づくりをします。これがないとアラの探し合いになり、お互いの行動や態度を逆に制限してしまいます。

次に、先生が見本を見せるようにします。

「○○君の～という行動を見て、先生は立派だと思いました」という具合に、必ず行動や態度を具体的に取り上げます。

そして、「自分は～と思った」というアイ（私）・メッセージで伝えます。フィードバックは、客観的な評価でもなければ、単なるおだてでもないのです。

ほかにも、行事に取り組んだ後などには、互いにフィードバックする場面を意識して設定します。最初は、「○○さんの～なところを見て、すごいなと思いました」などと文のひな型を決めておきます。その後は、日常生活の中でいいフィードバックをした子どもをほめるようにすれば、自然にフィードバックができるようになっていきます。

そのほかの場面では？

フィードバックはマイナスの感情でも行われます。たとえば、「A君は僕にプロレスの技をかけてくるけど、僕はとてもいやなんだ」「プロレスの技をかけるのはやめてほしい」という具合です。これは、相手を非難することとは違います。

マイナスのフィードバックは、上手に使えるよう必要に応じて教えるようにするとよいでしょう。

集団へのポイント 7

ふれあうこと 活動すること 振り返ること

■改善例

地元の産業を見学している際に、子ども同士で話し合う時間を設定したり、先生が疑問を投げかけたり、子どものつぶやきを取り上げて明確化したりします。こうして、子どもの気づきを促します。

帰ってきた後にもたっぷりと時間をとり、感じたこと、考えたことを、子ども同士で話し合わせます。

学級は自発的な教育集団

学級の中で子どもは、自らいろいろなことに気づき、自ら学んでいくことができます。そういう意味で、学級生活は体験学習そのものです。したがって先生は、このような学級の機能がうまく回転するよう援助することが必要です。

うまく機能している学級では、子どもたちの学習意欲が高まり、勉強への取り組み方が身につきます。また友達をつくるきっかけも増え、深い仲間関係を体験することができます。その中では、社会性、道徳心も自然に身についていきます。

どうするの?

このような学級を育てるには、次の三つのプロセスが基本となります。

①ふれあうこと
②活動すること
③振り返ること

「ふれあうこと」とは、何かの活動をする前に、子どもの不安や緊張をといてやることです。そうするとあたたかい雰囲気がつくられ、「面白そう。やってみたい」と意欲が高まります。

「活動すること」とは、多くの友達と活動を共にすることです。試行錯誤を繰り返す中から、多くの気づきが得られます。

「振り返ること」とは、体験して得られた気づきを自分の中で自覚し、友人たちと分かち合うことです。気づきの意味を理解することができます。

本節では、この三つのプロセスを効果的に達成するための方法を紹介してきました。つまり、**ふれあうこと・活動すること・振り返ること**の三つのプロセスは、これまでに紹介した六つの方法を使って行うことができるのです。学習に限らず、すべての活動においてこのプロセスは基本となります。

そのほかの場面では?

総合的な学習の時間は、この三つのプロセスを実践する絶好の機会です。

第 5 章
子どもを動かす指示・指導

「させる」ではなく「やりたいからやる」へ

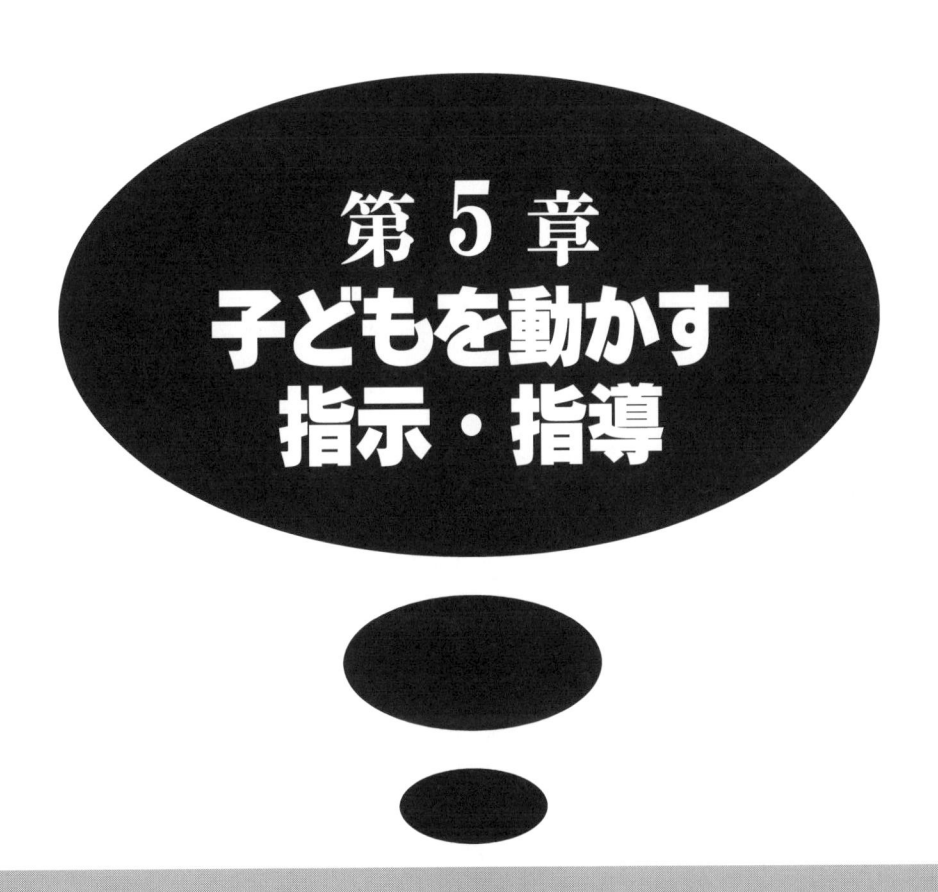

指示・指導とは何か

第五章では、子どもを動かすときのポイント（指示）と、教育すべき内容を子どもに伝えるときのポイント（指導）を取り上げました。いずれも、先生が日常的に発揮する指導力のことです。

抵抗を与えない指示・指導

自我が未熟で、社会性をしっかり身につけていない子どもには、必要なことをしっかり指導することが必要です。しかし、「先生の言うことを聞くのはあたりまえ」と一方的に指導しても、効果が期待できなくなってきました。

先生の指示に、「やりたくないなあ」と感じたら、子どもは動きません。反抗して逆のことをやり始める場合もあります。ですから、頭ごなしに指導するのではなく、先生の指導によって、子ども自身が自から学んでみようと考え、行動できるようにすることが必要なのです。

さらに先生は、「学級」を単位に子どもを動かすことが多いので、集団を対象とした指示の出し方、指導の仕方にこそ、カウンセリングを生かして工夫すべきだと思います。

その要点が、子どもたちに「いやだなあ」「やりたくないなあ」という抵抗を起こさせない、指示の出し方や指導の仕方を工夫するということです。

ポイントは二領域あります。

学級全体への指示・指導

一斉指導のためには、先生の指示で学級全体がスムーズに動くシステムを少しずつつくり上げていくことが必要です。

そこで、今の子どもたちの特徴をふまえ、指示や指導を工夫します。

①短く・わかりやすく・やってみたくなるように・やればできそうに思える指示をだす

②柔軟性のある指導を展開する

③一連の取り組みに、ふれあうこと・活動すること・振り返ることの三要素をバランスよく取り入れる。

個人への指示・指導

特定の子どもに対して行う個別の指導や言葉かけも、常に周りの子どもに見られています。本人にとってはもちろん、それを垣間見た周りの子どもが、「あっそうか」と自分におきかえて納得できる指導であることが大切です。

だれかへの指導であっても、周りの子どもたちにとってはモデリングの機会になるのです。

そのような周りの子どもたちへの影響も考えたうえで、個人へ指導するポイントは次の四つです。

①十分に受容していることを伝える。例えば、その子の話をまずはじっくり聞いてあげるなど

②取り組み方をやさしく伝える

③取り組む前に、先生がやり方のモデルを示す

④最初に少しやらせて、よかった点をほめてあげる。そして「さぁ、やってごらん」という具合に展開する

集団へのポイント　1

事前に面白さを紹介する

——導入の工夫(1)

動かない子どもたち

「今日は○○をやります」という教師の指示に、面白くないと感じた子どもたちは「やりたくな～い！」と言ってのってきません。たとえイヤイヤ取り組んだとしても、すぐに飽きてしまいます。面倒くさくて指示を理解していないことも多く、何をやったらいいのかわからないまま教室は大騒ぎです。

実はここが悪循環の入り口です。強面の教師がしかりつければ、なんとか活動は進みます。しかし、徐々に子どもたちはやる気を失い、イライラが募ります。けんかを始めたり反抗したりし始めます。注意する→本来の目的の援助ができなくなる→取り組みはますます低調になる、が繰り返されていくのです。

どうするの？

何かに取り組むときには、最初の説明で子どもたちのやる気を引き出すことが肝心です。そのためには、**①これからすることの全体像をイメージ化して見せ、②どんな面白さがあるのか、その一端を紹介します。**「こんなことをやるんだよ」「完成したらこんなふうになるんだよ」「このへんをちょっと工夫すると面白そうだよね」と子どもの興味をひくのです。

ただ説明するのではなく、「なぜやるのか」「やるとどんないいことがあるのか」という問いに答えながら、「お、やってみたいな」という意欲をちょっとだけ引き出す工夫をします。

そのほかの場面では？

特別活動や道徳の場合には、みんなで遊ぶ楽しさ、集団生活の面白さを先生が定期的に語ってあげます。

その際は、「こういうもんだ」という語り口ではなく、「先生はこういう体験をしたよ」と自己開示的に語ります。例えば、「先生は子どもの頃、小さい子と遊ぶとお兄さんになれた気がしてうれしかったな」という具合です。

今の子どもたちは集団で遊ぶ体験が少ないので、先生の話から興味をもたせることが必要です。時間があれば、実際に体験させてみるのが一番効果的です。

ロング集会で縦割遊びをします。
みんな最上学年なので下の学年の子の面倒をしっかりみるように！
おもりかよつまんない。

■改善例

「これからたてわり集会について話し合います。みんなは低学年のとき何が楽しかった？」。「六年生が一緒に遊んでくれて嬉しかった」「六年生がすごくうまくてびっくりした」。「なるほど、低学年にとっては、高学年はスターなんだね」「自分たちもやって楽しく、低学年もやりたがり、六年生の力をみせられる取り組みを考えよう」

集団へのポイント 2

活動の意義や全体との関係を説明する

――導入の工夫(2)

運動会では、○○係、□□係……とあります。
○○係の仕事は…
第一希望に手を挙げて下さい。
事務的…。

■改善例

運動会の係決めでは、「係の仕事は……といろいろあります」「○○係はこのようなことを担当して、運動会の進行を……のようにバックアップする大切な役割です。△△係は……」「すべての係は、このようにかかわり合って運動会を支えているのです」と、全体とのかかわりを説明します。

このような説明で、子どもたちの意識性や責任感を高めるのです。

どうするの？

学校で行う活動は、面白くて飛びつきたくなるようなものばかりではありません。例えば、漢字の書き取り、掃除、朝会など、子どもたちはすぐに「やりたくね～」と文句を言います。

このようなときは、**①それは自分にとってどんな意味があるのか、②自分が全体にどう関係しているのか**を理解させることで、やろうという気持ちを引き出します。

例えば掃除を例にとると、こんな具合です。

今おむつをして学校に来る人はいないよね。でも、そうなるためには、お母さんたちの助けを受けながらトイレで用がたせるように訓練したんだよ。もう、みんなは忘れてしまっただろうけどね。つまり、何事もなく自然にできていると思うことでも、実は基礎的な訓練を積み重ねている場合が多いんだ。

掃除をするということは、君たちが責任ある一人の人間として受け入れられるための訓練なんだよ。だから、昔は自分の心を磨くように床を磨きなさいと言われたもんだ。掃除は、一人前の大人になるための訓練の方法なんだよ。

なぜ勉強するのか、なぜ掃除するのかについて、「義務教育だから」「学校の決まりだから」では子どもは納得できません。このように、意義をきちんと答えることが必要です。

これらの問いに唯一の正解はありません。子どもたちもそれを求めているわけではないのです。ただ、先生の考え方や人生観を語ってもらい、自分なりに納得したいと感じています。ですから、その先生なりの答えを示してやり、「やりたくなかったけど、そういうことならやるか」という気持ちにもっていくことが大切なのです。

そのほかの場面では？

行事では、まず前年度の様子をビデオや写真で見せながら、思い出を話し合わせます。その後、「今年は去年の感動を一回り大きくしようね」「そのためにはどんな準備が必要かな」「去年、このへんがもう少しだったという点を、今年は特にしっかり準備しようね」などと、地道な活動に光を当てていきます。

集団へのポイント 3

やる気の波を見極める

——導入の工夫(3)

■改善例

低調なときは、「A君は準備ができているね」「日直は忘れずに窓を開けておいてくれたね」と、できていることに注目してプラスの言葉をかけていきます。しかるのではなく、いいモデルを見習うことで行動を変えさせるのです。

注意は、できれば帰りの会などにまわしたほうが、一日の雰囲気を台無しにすることも少なくなります。

どうするの？

人は、やる気に満ちあふれているときと、なんだか調子がでないときがあります。私がいま教えている大学生でさえ、十時半からの講義は出席率がよく居眠りも少ないゴールデンタイムです。ところが朝一番の講義は欠席や遅刻が多く、一時からの三コマめは居眠りの嵐。学生のやる気は一目瞭然です。

子どもたちにもそのような波はあります。この流れに逆らうと、労多くして効果が望めません。

例えば月曜日の朝、「チャイムが鳴ったのになんで教室に入っていないの！」としかりから入ってしまうことがあります。ただでさえ休み明けで気分がのらないのに、これではいや〜な感じで一週間が始まってしまいます。

こんなときは、**ほめて指導**します。「A君、先生が来るまでに授業の準備をして着席できていて素晴らしいよ」とほめるのです。ほかの子はそれを見て理解します。教室のほかの子どもをしかるのと、学級の雰囲気はまったく違ったものになります。

また、合同体育のサッカーで隣のクラスに勝った後と、何人かがはげしいけんかをして気まずい雰囲気になった後でも、教室の雰囲気はかなり違います。そこで、**流れに応じて授業などの展開を変える**ことも必要です。

調子が出ているときは、「この勢いで算数もどんどん進めようか！」という具合に進めます。反対にどうしてものらないときは、計算クイズなどで復習をするのもよいでしょう。

そのほかの場面では？

比較的人気のない算数は一時間目にしない。三時間目の体育の後は講義形式の授業を避ける。調子がでないときは、ゲーム形式や活動を多く取り入れる。このように柔軟に展開をリードすることで、学級の士気を高めていきます。

それでもどうしてものらないというときは、形だけ授業をしても頭には入りません。「怖い話の時間」などで、気分転換を図るゆとりも大切です。

集団へのポイント 4

指示は短く具体的に

——集団を動かす(1)

■改善例

子どもがイメージしやすい、短い指示を考えます。江戸時代の文化の調べ学習だったら、「君たちの今の楽しみは何かな？」。「ゲーム」「テレビ」「本を読む」……。「それをノートに書いておいて」。「じゃあ、君たちがもし江戸時代にタイムスリップしたら、それに近いものがあるのかな？　本を調べて、これだと思う部分をさっきの下に書き写しましょう」という具合です。

どうするの？

前おきが長く、何が言いたいのかとイライラするような人を相手にした経験があると思います。こんなときは聞き流すのに精一杯で、話の内容を理解しようとはとても思えません。

これは子どもの場合も同じです。いや、よりいっそうその傾向が強いのです。ですから、指示は短く端的にすることが大切です。

ところで、なぜ指示が長くなったり、抽象的になったりするのでしょうか。それは、話す内容が事前にまとまっていないからなのです。思いつくままにしゃべっていると、話がダラダラと長くなります。要点が固まっていないと、どこで話を終わらせていいのかわからなくなります。

延々と説明して「さあやりなさい」と言ったとき、子どもから「先生、何やるの？」と質問されるのはいい例です。これを続けていると、子どもたちは先生の話を聞かなくなってしまいます。

そこで、指示をするときには、**事前に内容をまとめておく**ようにします。子どもが内容をイメージできるように、**具体的なせりふをいくつか用意しておく**くらいの準備が必要です。

短い指示を真剣に聞き、内容をイメージしてすぐに取り組むことを繰り返していくと、子どもたちは先生の話を真剣に聞けるようになっていきます。

そのほかの場面では？

授業での説明、発問も同様です。ダラダラと話していると山場がなくなり、授業が単調になって子どものやる気が低下します。その結果が私語や手遊びです。

そこで、指導案をつくるときには、まず授業の展開で中心となる発問を取り出します。発問が決まったら、その内容を子どもたちに伝えるための具体的なキーワードを書き出します。

これらを材料に説明を考えるようにすると、要点を押さえた話し方ができるようになります。

集団へのポイント５

はじめは一つの指示で一つの活動

——集団を動かす(2)

■改善例

「主人公の気持ちが書かれているところに線を引いてください」「次にそれをノートに書き抜いてください」「途中で気持ちが変わっている箇所に印をつけ、その理由を右側に書いてください」「あなただったら、最後に主人公と同じ行動をするかどうか考えを書いてください」という具合に一つずつ指示をしていきます。

どうするの？

　三つ四つの課題をいっぺんに出されたら、子どもたちは何からやっていいのかとまどってしまいます。特に学年始めは要注意。子ども同士で助け合えず、顔を見合わせるばかりです。これを繰り返すと、先生の指示や話を聞かなくなります。

　そこで、最初は**一つの指示で一つの活動**というパターンを定着させます。**必ず最後までやりとげさせる**ことがポイントです。

　例えば、七夕の短冊に願いを書く場合にも、「まず紙を半分に切りましょう」と言って子どもたちに切らせます。本当は裁断機で切っておいたほうが早いのですが、それをあえてやらせるのです。初めは練習としての活動を積み重ね、子どもたちにやり遂げられるという自信をつけていきます。

　簡単な作業が完全にできるようになったら、一回の指示で行う活動を増やしていきます。その際、**指示した活動の数を最初に提示する**ようにします。例えば、「書く内容は三つです。一つは自分で取り組んだ内容。二つ目はそれについての自分の評価。そして三つ目は、次はどうするのかという予定を書いてください」という具合です。

　先生の指示どおりにできた子どもが五割以下では、学級全体のやる気は薄らいできます。これは、学級がバラバラになる土壌です。最初は、常に**九割の子どもができるレベル**からスタートすることが大切なのです。

そのほかの場面では？

　学年始め、子どもたちは新しい友達とうまく遊べません。そこで、ドッジボールや縄とびなど、ルールの簡単な遊びを先生が一緒になって行うようにします。

　五回もやると子どもたちにも要領がわかってきます。そうしたら、先生は抜けて子どもたちだけで遊ぶようにします。

　遊びでも、できるところから始め、徐々にレパートリーを増やしてやることが大切です。ていねいに面倒を見ながらできることを積み重ねていくと、子どもたちはだんだん自主的な活動へと移行していくことができます。

集団へのポイント 6

簡単な課題を全員がやりとげる

――集団を動かす(3)

■改善例

電磁石などのむずかしい単元では、内容を絞り込み、やさしく取り組みやすいように、いくつかに分解します。①電磁石と永久磁石の違いをまとめよう、②電磁石だけにある性質をまとめよう、③……、④三つの内容を整理して、電磁石の性質をまとめよう、という具合です。

一つずつを積み重ねることで、最終的な目標を達成できるように導きます。

どうするの？

最後までやりとげる体験を積んでいくと、子どもたちに「やればできる」という自信が生まれます。ですから、初めは九割の子どもができる課題から始めることが大切です。一人でできない子どもが一割なら、先生がカバーすることも可能です。

九割の子どもができる課題にするためには、**①取り組みたくなるような工夫、②量、③難易度**について課題を吟味します。

子どもが取り組みたくなるような課題とは、面白い課題、意義を感じる課題、不思議だと感じる課題のどれかです。

量と難易度については、たいへんすぎると思ったら、子どものレベルに合わせて内容を絞り込みます。絞り込んだ内容はさらに整理して分解し、順番をつけ、一つずつ取り組んでいけば最後には課題全体をやり遂げることができるよう調整します。むずかしすぎるとやる気をなくすので注意が必要です。

一斉指導のシステムづくり

学年始めは「一斉指導のシステム」をつくりあげる時期です。できるだけ早い時期に、先生の指示で全員が学習に取り組めるような態勢をつくることが大切になります。これは、学習指導ばかりでなく、学級経営のうえでも同じです。

子どもの個性に合わせた個別授業も必要ですが、一斉学習なしに学習指導要領の内容を消化することは困難です。個別指導と一斉指導は、上手に組み合わせることが大切なのです。

スタートは全員が一斉に取り組み、展開の途中から各自の興味やレベルに合った内容を個別に追究するというパターンもあります。これは、とくに体育、家庭科、図工、音楽など、基本的技能の習得を必要とする科目に適しています。

例えば跳び箱で、初めに先生がモデルとなって跳ぶ原理を説明します。その後は各自に合った高さの跳び箱に分かれ、練習させるという具合です。それぞれの子どもが抱えている問題を援助できるので、より多くの子どもに対応することができます。

限られた時間を、子どもにとって有効に活用することも先生の責任なのです。

集団へのポイント ７

努力の過程を具体的にほめる

——集団を動かす(4)

■改善例

サッカーの試合後、「三得点をあげたＢチームのチームワークは素晴らしかったね」「堅いＤＦからのロングパスを受け、ＭＦがパスでゴール前に持ちこんで、最後にＡ君がゴールを決めたね。Ｃ君のアシストもよかったね」「このチームワークは、休み時間や放課後に、いつもみんなで練習していた成果だね」という具合に、努力の過程を解説しながら詳しくほめます。

どうするの？

がんばったことが注目されたり、ほめられたり、励まされたりすると、とてもうれしいもの。教師の言葉かけは、子どものやる気を持続させたり、一度失ったやる気を取り戻したりするのに大きな影響をもちます。

ただし、「Ａ君、いいねぇー」「がんばったねー」「満点をとるなんてすごいねー」ではだめです。何をほめられているのか具体的ではないからです。また、結果だけをほめられていると感じたら、期待されている結果がでないと思ったとたん、子どもは急にやる気をなくすようになります。

大事なことは、**努力した過程をほめる**ことです。

×「Ａ君、連続逆上りを十回できてすごいね」

○「連続逆上りを十回もできるようになったＡ君の努力はすばらしいね」

さらに、**できるだけ詳しく努力の過程を解説**してあげます。

「最初は低い鉄棒で一回がやっとだったよね。次に、低い鉄棒で一回を速くできるよう練習してたね。そして、勢いよくやったら、高い鉄棒でも逆上りができたんだよね。そこからも何週間も練習して、十回連続できるようになったんだね。Ａ君の努力は素晴らしいね」。

細かいところまでよく見てもらえたことがわかると、子どもはさらにうれしくなります。もっと頑張ろうと思います。

また、このように言葉で表現されると、「こういうふうにしたからできたんだ」と、努力の過程を意識することができます。すると、ほかの取組みにも生かしていくことができるのです。

そのほかの場面では？

漢字練習や計算練習など、根気強い努力が必要な取組みに、このようなほめ方は特に必要です。ほんの少しの伸びであっても、それが努力の成果であったなら、十分にほめます。

そのためには、ふだんから子どもの様子をじっくりと観察し、ほめる点をメモしておくなどの準備が必要です。

集団へのポイント 8

ほめているところを見せる

――集団を動かす(5)

どうするの？

ほめることには前述のような効果があります。では、掃除をサボっている子に注意するのと、一生懸命やっている子をほめるのでは、周りの子どもへあたえる影響はどう違うのでしょう。

しかられている子を見ている周りの子は、「あのようにすると自分もしかられるんだ」と考え、行動をコントロールすることを覚えます。つまり、叱責には見せしめ的な効果があります。

これは、学級のルールを守らせるために、ときに使われる方法です。しかしこれが度重なると、「ちぇ、運が悪かったな」ということになり、面従腹背の要領を覚えてしまいます。

逆に、ほめられているところを見た子どもたちは、いい行動を学習します。「ああいうふうにすればよいのか」「今度は自分もそのようにすればよいのだな」と考え、行動のレパートリーを広げます。したがって、よい点をほめるときは、周りの子どもにも見せることが大事なのです。

また、ほめているところを見せると、友達がどのようにがんばっていたのか気づかせることができます。

反対に言えば、先生が積極的にほめていかなければ、子どもたちは友達のいいところに気づけないのです。仲がよくない場合はなおさらです。行動の結果しか気にかけず、「あいつはすごいからできたんだ、どうせおれはできないよ」で終わってしまいます。

みんなの前で努力の経過を具体的に取り上げ、解説しながらほめることが必要です。見ている子どもにとって、それがヒントになったり、やってみようという動機づけになったりするのです。

そのほかの場面では？

学級のルールを定着させるとき、あいさつや言葉づかい、授業への取り組み方などを定着させるときに活用します。できていない子どもをしかるのではなく、できている子どもをほめて、周りの子どもにまねさせる形で定着させるのです。

■改善例

「B君、本箱の隅や教室のドアのレールなど、細かいところまでよく見つけて掃除していてくれるね。ありがとう」と、みんなの前でほめます。

これを見ていた子どもたちは、B君のがんばりに気づくと同時に、自分もどのような行動をとったらよいのかに気づくことができます。

集団へのポイント 9

単純作業や繰り返し練習に工夫をこらす

——集団を動かす(6)

■**改善例**

「あと三十分あるね。初めの十分は新しい漢字をノートに五回書きます。それが終わったら、次は生活班で一人が先生役になって、一問ずつみんなに問題を出してあげましょう」「三回くらいまわるかな」という具合です。

どうするの?

　計算問題を続けると、「つまらな〜い」「電卓を使っていいですか」と言ってすぐに飽きてしまう子が多くなりました。単調な繰り返しの練習には、事前の工夫が必要です。

(1)意味を教える　人は、取り組んでいるものの「意味」がわからなければやる気をなくします。ですから、単調であればあるほど、①どんな理由でやる必要があるのか、②全体の中のどの部分の練習で、何をやるためにこの練習が必要なのか、を理解させます。集団へのポイント2と同様です。

(2)短時間に区切る　単調な作業ほど短い時間で取り組みます。私は、漢字練習を続けて十五分以上させません。記憶するためには、集中した短時間の練習を、何回か繰り返したほうがいいからです。朝自習の十五分間や、給食が終わってから昼休みまでの十分間などを利用します。その際は、こういう練習の方法に効果があることを繰り返し説明します。

(3)単調感を予防する　一つのことを続ける場合には、やり方にバリエーションをもたせます。例えば、一人で漢字の書き取りを十分間したら、次の十分間はグループ学習にします。「グループの中で問題を出し合って練習しよう、一人三問ずつ出そうか」と取り組ませます。そして最後は再び、「できなかったところ、自信がなかったところを五回ずつノートに書いて練習しよう」と個別の練習に戻すという具合です。

そのほかの場面では?

　掃除でも同じです。一生懸命やって早く終わった子どもに、「時間があるから、汚い所を見つけてもっとやりなさい」「遅い子を手伝ってあげなさい」とエンドレスに仕事を与え続けると、飽きてやる気をなくします。

　早く終わったらそのことを十分にほめ、何回かに一回は多めに遊んでいいことにするのも、一つの方法ではないでしょうか。

集団へのポイント 10

中だるみ やる気の低下は やり方を変える

――集団を動かす(7)

■改善例

子どもたちの意欲が落ちてきたな思ったら、展開を変えます。

「今から、一人一回だけ、他の子にヒントをもらいに行っていいですよ。聞かれた子は、聞かれたことだけを答えてくださいね。サービスするのはいけませんよ。ではまず男子からどうぞ」という具合に、違う展開を間にはさむようにします。

どうするの?

一つの単元や大きな行事の途中には、必ず中だるみがやってきます。単純作業の場合と同様、飽きさせないためには時間を短く区切ったり、やり方にバリエーションをもたせることです。

たるみ始めた子どもたちをしかりしかり進めても、ますますやる気がなくなっていきます。そこで、「たるんできたな」と思ったら、**違うやり方を間にはさむ**のです。そうすると、意欲が回復してきます。

講義形式の授業にはさむやり方では、次の二つが有効です。

(1)**教え合い**　例えば、「どうしても行き詰まったら、だれか一人にだけやり方のヒントをもらってもいいよ」「聞かれた人は、聞かれたことだけを答えてあげて。いいかい、聞かれたことだけだよ」などという具合です。応用問題や、個人で調べ学習をやっているときなどに有効です。

「できた子はできない子を教えなさい」とやると、面倒くさがって答えだけを教えます。これでは、どちらも勉強になりません。考えるプロセスを教え合うことが大事なのです。

留意点は、教える子と教えられる子の役割を固定させないことです。家庭科、体育などを含めて多くの場面で実施し、それぞれの子どもが両方の役割をできるようにします。

(2)**ブレーンストーミング**　「考えられることを一つでも多く出そう」と呼びかけ、とにかくたくさん出させる方法です。理科で実験の予想をするとき、社会の調べ学習でテーマを決めるときなどに有効です。そして、「出たことをヒントに、各班で話し合って取り組もう」「時間があったら、ほかのことにもチャレンジしてください」という具合に展開させます。

そのほかの場面では?

ブレーンストーミングは、行事の取組みにも有効です。新しいアイディアを出させたり、どんな係が必要か、どんなふうに決めるかを子どもから出させることで、意欲を引き出すことができます。

集団へのポイント 11

節目節目で評価する

——集団を動かす(8)

■改善例

北海道担当、東北地方担当……と担当班を決め、最初の二十五分間は班で自分たちの担当部分を調べることにします。
時間が来たら合図をして、「次の二十分間は途中経過を発表し合います」「各班の工夫や面白い調べ方、まとめ方をチェックしながら聞いてください」「後で発表してもらいますよ」とあらかじめ観点を伝えて、互いのいいところを評価し合います。

どうするの？

学習面でも生活面でも、活動がひと区切りついたら、必ず評価を入れるようにします。一つの活動をできるだけ小さくし、必ず最後まで取り組ませ、「ここがよかったね」と評価する、このようなサイクルを積み重ねていきます。

(1)うまくできなかった・サボってしまった　注意不足やサボりについては、本人や各グループで反省させます。

例えば、調べ学習の発表の時間が近づいているのに、遊んでいて準備ができていないような場合です。「さぼっていたからダメなのよ」としかるのではなく、「じゃ、あと十五分あるから、何から取り組めばいいか話し合ってみて」「なるほど、その部分をそういうふうに調べればいいんだね」「じゃっ、やってみよう」と展開します。遊んでしまったことは本人もよくわかっています。それをあらためてしかるより、次にその失敗をどう取り戻せばよいのかを考えさせ、取り組ませることが大事です。

(2)「いいところ」を意識させる　お互いを評価させるときには、どこに注目したらいいのか、あらかじめ観点を伝えておきます。

例えば、「これからいろんな班が発表してくれるけど、ここ工夫しているな、ここ面白いな、ここがすばらしいな、と思ったことを覚えておいてね」「あとから聞くよ」という具合です。

こうすると、子どもたちは、自分が審査員にでもなったように耳を傾けます。

発表の後に「A班はどうだったかな？」と聞けば、「まとめに図が入っていて、とてもわかりやすかった」「班の役割分担がよくできていた」という意見を集めることができます。

反省は自分から、ほめるのは先生と友達からが鉄則です。

そのほかの場面では？

係活動や行事の取組みでは地味な役割の子を取り上げ、「目立たない仕事にしっかり取り組むのは特に立派だよね。みんな気がついたかな」と、注目が集まるような言葉がけをします。

集団へのポイント 12

取り組んだ意味と感情に気づかせる

――集団を動かす(9)

■改善例

運動会後、まずは「いいとこさがし」で友達からもらったメッセージ読み合います。その後、準備から当日、後片づけまでを含めて、自分が感じたこと、考えたことを班の人と話し合わせます。さらに全体で話し合った後、「今回の取組みで、心にとどめておきたいことを紙に書いてください」と、作文につながるように展開します。

どうするの？

一つの単元や大きな行事が終わったら、活動全体を振り返る時間を多めにとります。

例えば、六年生がサツマイモを育てたとき。植え方の工夫、夏場の草むしりや水やり、つるが長くて抜くのに苦労したこと、大量に収穫できてうれしかったこと、みんなで焼き芋にしたらおいしかったことなど、思い出はつきないでしょう。

このような**一連の出来事を振り返りながら、「この取組みは自分にとってどんな意味があったのか」「何を感じたのか」を、一時間使ってじっくり語り合わせる**のです。このとき、「いいとこさがし」や「がんばり賞あげよっと」を導入に使えば、大いに盛り上がります。

話し合いでは、一人一人の気づきをみんなで分かち合うことができます。自然の不思議さ、みんなで取り組んだ満足感、みんなの役に立てた喜びなど、友達と同じ気持ちであればうれしいし、違う気持ちであれば新たな発見ができます。人と協力して得られた喜びなどは、先生も意識して感想を述べるようにすると、クラスのまとまりをいっそう育てることができます。

どんなに素晴らしい経験も、時間の経過とともにその感動は薄らぎます。しかし、体験したときの感情や自分にとっての意味とともに刻まれれば、それは価値ある思い出として長く心に蓄えられます。これは、この先にも似たような場面に出会うたびに思い出され、子どもたちの行動の幅を広げるのです。

素晴らしい思い出は、「またあんな気持ちを味わいたい」という、次への原動力にもなります。

そのほかの場面では？

運動会、移動教室、遠足、展覧会、学芸会など、大きな行事は子どもの心を育てる絶好の機会です。単に作文を書いて終わりにしないで、ぜひ活動を振り返る時間をもちたいものです。

体験したことの意味を、自分の心の中に落としこんでいく作業は、子どもたちの心を育てることにほかなりません。

集団へのポイント 13

一人一人が認められる場をつくる

——集団をまとめる(1)

持久走を振り返って—
A君はとても速かったね。
B子さんは、男子と互角に走っていたね。
僕は?
へへ…
私も、がんばったのに…。
ワーイ

■改善例

人と比べるのではなく、その子が初めと比べてどれくらい伸びたのか、どのようにがんばったのかを見てあげるようにあらかじめ伝えておきます。そうすれば、「A君は校庭五周走で、四十五秒も速く走れるようになってすごい」「毎朝早くきて練習していたB子さんは立派だと思います」「C男が最後に完走できたのを見て、私もうれしくなりました」などと意見が出ます。

どうするの?

緊張感が少なく本音で生活できるようになってくると、学級はしだいに子どもの心のよりどころとなっていきます。そうなると、次は先生や仲間から認められたいと願うものです。そこで、この気持ちを十分満たす場を設定する必要があります。

(1)得意なこと・個性が発揮されている場を逃さない

運動も勉強もできてリーダーをやっている子は、ついよけいにほめてしまいがちです。しかし、それを見ている周りの子どもは、「あいつはすごいからな。僕はどうせ何をやってもだめだよ」とやる気をなくし、努力することをやめてしまいます。

そこで、すべての子どもに光が当たるように、生活の中に意識して場面を設定していきます。小さなことでも、この場面ではA男だ、あの場面ではB子だというように認めていくのです。

(2)互いのがんばりを認め合う場面を設定する

学芸会では主役の子に注目が集まります。裏方の子は、どうしても忘れられがちです。そこで、当日の様子だけでなく、準備から片づけまでを含めた取組みを通して、子どもたちがお互いに認めあえる場を設定します。

「がんばりカード」を使って、だれがどのようにがんばっていたのか伝え合うといいでしょう。事前に先生が目立たない役割の必要性を説明しておくと、そのような子にもみんなの注目がいきやすくなります。そして、「一人一人のがんばりが合わさると、学級でこんなに大きなことができるんだね」と、子どもたちにわかるように説明します。

小さなことでも認め合えるクラスでは、子どもたちは自分らしく生活することができます。

そのほかの場面では?

マラソンやなわとびなどの取組みでも、班ごとにお互いのがんばりを認め合う場を設定します。結果ではなく、取り組んだプロセスを認め合えることが大切なのです。

集団へのポイント 14

成果を形にして充実感を満たす

――集団をまとめる(2)

■**改善例**

七夕集会の片づけをするときは、飾りを取り去る前に「クラスのアルバムに残しておこうね」と写真を撮ります。

このような具合に、子どもたちの取組みを大切にし、思いが凝縮された形で残るように工夫します。

どうするの？

何かに取り組んだ後、学級全体で振り返りをするのは大切なことです。それをさらに進め、**がんばりの成果を見える形にして残しておく**と、いつまでもその時の思いを持続させることができます。学級が落ち込んだときも、それを見ると、またがんばろうという気持ちがわいてきます。

例えば、図工や習字の作品を写真に撮ったり、他己紹介の形で友達の作品のいいところにコメントしている様子をビデオに撮っておいたりします。体育をビデオに撮って、学期末に一人一人の子どものベストプレーを編集するのもよいでしょう。

自分の取組みやがんばりを目に見える形で示してもらうと、実感としてその感激がとても強く残ります。

ただし、この場合も華々しい結果だけに注目しないようにします。「いつもみんなにドンマイと声をかけていたA子さん」とか、「とても公平な審判をしていたB男君」など、学級全体の雰囲気を支えていた子どもの行動や活動に、注目させることが大事なのです。

そのほかの場面では？

学期の間に書きためた作文や詩は、きれいな色画用紙を背表紙にしてとじます。理科のレポートを順番にとじて、本のようにしていくのもよいでしょう。

厚くなってくると、子どもたちは一気にやる気を燃やします。きれいにとじられるとうれしいですし、かつ、われながら立派なものができたという満足感を得られるからです。最初は「レポートなんて面倒くさい」と言っていても、本のようになって背表紙をつけるころには、自分の宝物になってくるわけです。

また、いろいろな行事で友達から贈られた「がんばりカード」を、学年の最後に、きれいな台紙に貼って整理させるのもいいでしょう。

個人へのポイント１

不安の強さに応じた言葉かけ

■改善例

気おくれしやすい子どものレベルに合わせて、全体に指示します。

例えば、「今考えたことや思ったことを、まず隣の人と話し合ってみましょう」「その中でいい考えだな、すばらしいなと思うものは、隣の人がみんなに紹介してあげましょう」という具合に展開します。

どうするの？

学級には不安の強い子どもが何人かいます。先生からすれば無気力や協調性がないように見える子の中に、不安の強い子が何人かいるわけです。主な不安は次の四つです。

①対人不安　みんなといると気おくれしてしまう子です。一人一人順番に考えを発表していくという場面が最高に苦手です。こういうときは、そばについて最低限言うべきことを確認したり、フォローすることが不可欠です。

②予期不安　先のことを悲観的に考え、自分を追い込み、目の前の活動に取り組む意欲を低下させている子どもです。こういう子どもには、学習内容や行事の流れなどを事前によく説明し、不安を軽減してあげることが大事です。

③完全主義　何事も同じ調子でしっかりやろうとする子どもです。まじめですが、現実判断能力の低い子どもです。こういう子どもには、やるべきことをレベルで示してあげるのが大事です。例えば、「少し字が汚くてもいいから、大事だと思った順に、時間まで資料をどんどん写しなさい」という具合です。

④身体不安　精神的なことでお腹や頭が痛くなる子どもです。この場合は、痛くなったときどうするのか、先生と子どもで特別な合図を決めておきます。そして、ときどき確認する言葉をかけてあげると安心します。

このような不安の強い子どもたちは、先生が学級全体に対して投げかける強い指示や指導に、過剰に反応してしまいます。そこで、指示や指導をこの子どもたちのレベルに合わせるか、または後で個別にフォローすることが必要になります。

そのほかの場面では？

遠足や移動教室など、ふだんの学校生活と違う場面で、不安の強い子どもたちはかなり動揺します。このような場合も、事前・活動中・事後に、不安のタイプに合わせた言葉をかけてあげることが必要です。

個人へのポイント 2

複数の課題や学習法から選ばせる

■改善例

全体で前時の復習をした後、「授業の後半は、もう少し復習をしたいという人はこのプリント、応用に進みたい人はこのプリントをやってください」「先生はぐるぐる回りますから、質問があったら声をかけてください」という具合に進めます。

どうするの?

(1)力に応じた課題を用意する

算数などは、学年があがるほど力の差が広がります。それに配慮せず一斉授業を進めると、授業についていけない子や反対にものたりない子が、徐々にやる気をなくしてしまいます。

そこで、授業の内容を一斉に教えることと課題別に学習することに整理します。課題別はグループ学習にし、その進め方は予め子どもたちに伝えておきます。また同時に、前回のテスト結果をもとに、課題別のプリントを数種類準備しておきます。

グループ学習のポイントは、点数などをもとに先生がグループを決めないことです。自己申告制にしたり、雑誌の占いのようなチャート式の表を使って自分で選べるように工夫します。

(2)複数の学習法を用意する

やる気を持続させるためには、個別化も一つの工夫です。一つ一つ漢字練習を地道にこなすのが得意な子どももいれば、漢字クイズのようなゲーム方式がいいという子どももいます。子どもをすべて同じ方法で学習させなければならないということはありません。途中で、いくつかのやり方から選んで取り組めるようにしておくと、子どもたちの意欲は持続します。

大切なのは、一人一人はみんな違うことを学習においても認め合うことです。跳び箱の四段を跳べない子がいきなり八段を練習しません。それと同様、何に取り組むか、どのように取り組むかは、人によって違うことを常に伝えるようにします。

ほかの場面では?

体育の跳び箱やなわとびなど、自分で難易度を選んで取り組めるようにするのも有効です。人と比べるのではなく、最初と比べて自分がどこまでがんばれたのかを意識させます。

また、応用問題や復習問題などのいろいろなプリントを、学年当初に用意しておくと、多様な子どもたちにも余裕をもって授業を進められます。『楽しい算数科授業アイデア集成』のシリーズ(明治図書)などには、計算クイズなどがたくさん紹介されてるので、これをストックしておくのもよいでしょう。

個人へのポイント 3

ほめにくいときこそ積極的にほめる

この前の漢字テスト満点は三人だけでした。
みんなもっとがんばりましょう。
特に五十点以下の子は、努力が足りませんよ！
どよ〜〜〜ん

■改善例

漢字の小テストを返すとき、「前のテストよりもできていた子が十人いました」「続けて満点の子もいるわけだから、みんなすごくがんばっているね」「あと、点数は上がらなくても惜しい間違いの子が増えてきました」「今度がとても楽しみです」という具合に展開します。

どうするの？

ほめることが少ないとき、間違いが多いときこそ、無理をしてでもほめます。すると子どもたちのやる気が持続します。

こんなときにほめるコツは、次のものです。

○失敗してもあきらめずに取り組んでいることをほめる
○最初と比べて伸びた部分をほめる
○一定期間でみると失敗が減ってきたことや、重大な失敗が減ってきたことをほめる
○失敗を次に生かそうとしていることをほめる
○失敗しても、仲間を励まして再挑戦しようとしていることをほめる

ほめるときは、結果だけをほめてはいけません。いい結果がでないと極端にやる気がなくなりますし、取り組むこと自体を投げてしまう子どもも出てきます。

また、がんばっているのに結果がでない子どももいます。この場合は、周りの子にこっそりとその子のがんばりを伝えます。

「A男はまだ逆上がりができないけど、毎朝早く来て一生懸命練習しているんだ。先生はすごいなと思ったよ」「いつかはきっと、A男は逆上がりができると思うよ」という具合です。

周りの子はそれを聞いて、「先生はそういう隠れたがんばりも見ててくれるのか」と感じます。すると、自分もがんばろう、A男を応援しようと思うことができるのです。

ただし、逆は絶対ダメです。「A男はがんばりますって口では言うけど、あまり練習してないな」では、A男を励まそうという子どもがいなくなるばかりか、それを伝え聞いたA男もやる気をまったくなくしてしまいます。

そのほかの場面では？

年度始めの学級は、まだギクシャクして子ども同士のトラブルが続きます。しかし、そのようなときこそほめるのです。少しでもよかったことを取り上げ、子どもや学級全体をほめます。

すると、学級生活に対する子どもたちの意欲が持続され、クラスが自然とまとまり始めます。

個人へのポイント 4

ケアレスミスは事務的に指摘

ふだんよくやっている日直がたまたま黒板を消し忘れた。
今日の日直は何してるの！次の授業が遅れちゃうわよ！
いつもやってるのに…

■改善例

黒板を消し忘れた日直に、「あれ、日直さんめずらしいね」「黒板消し忘れているよ」「さっと消して」と指摘します。消し終わったら「ごくろうさま」と言葉をかけます。

どうするの?

慣れは油断を生じます。子どもも同じで、慣れた頃に注意不足による小さなミスが出てきます。

このような小さなミスは、**しかるのではなく、事務的に指摘する**ようにします。子どももミスの原因がだいたいわかっていますから、くどくどと指導する必要はありません。子どもが**原因に気づいて、その失敗を繰り返さなくなったら、それをほめてあげればよい**のです。

例えば、やることを決めただけでぼうっとしていたり、なんだか進んでいないようなときは、「A君、ほらここまでだよ」とだけ言うようにします。「何やってるの！」は必要ありません。「ここまでやって一服しよう」と指示すればよいのです。

指摘するタイミングは、みんなが三〜四問目をやっているのに、その子がまだ一問目くらいという頃が適切です。この頃なら、「おお、そうか、巻き返そう」とがんばることができます。わからないところはわからないと言えます。

これが、みんなはもう十問目というときだと、先生も「ほら、A君どうするんだ」としかってしまいがちです。みんなに離された焦りでやる気がなくなっているところに、このような叱責が加わると、子どもはまったくやる気を失ってしまいます。

ですから、ちょっと遅れ気味になったとき、さぼり気味のときに、「おっ、どうした?」と注意を引き出してあげるのです。

そのほかの場面では?

係活動も同様です。慣れて要領を覚えてきたときに、気の緩みのミスや忘れ、さぼりが出てきてしまいます。そんなときは、「日直さん、窓を閉め忘れないでね」「給食当番、配膳台の水ぶきよろしくね」程度の指摘で、子どもの注意を促します。

要は最初が肝心です。気の緩みが大きくなってからまとめて強くしかっても、効果はあまりありません。それどころか、逆に子どもたちから反発をかうことにもなります。

個人へのポイント５

ミスが続くなら原因と対策を考えさせる

■改善例

繰り返すミスには、その原因を考えさせ、具体的な対策を実行させます。

「どうも二回繰り上がりのある問題にミスが多いね」「そのような問題は二回見直しをしよう」「見直しをしたという確認に、問題の左上に○をつけてみよう」「二回目は◎にするんだよ」という具合に展開し、実行させます。

どうするの？

掃除のさぼりや係のやり忘れなどの小さなミスも、二回、三回と続いたらしかりたくなってきます。しかし、それにはそれなりの理由や原因があるはずです。しかるより、それを見つけて対応を考えさせることが、問題解決に直結します。

例えば、一時間目は国語のドリル、二時間目は算数の定規、そして、三時間目は社会の地図帳を忘れたと言ってきたら、「A君、やる気がないんじゃないの」と思わずカーっとしてしまいます。しかし、そこをぐっと抑えます。

まずは「今日は、一、二、三時間目と忘れ物が続いちゃったけど、原因と対策を考えよう。なぜなんだろう？」と質問します。子どもが「実は昨日、親戚の人がきて、夜遅くまでゲームをやってたから、時間割りをちゃんと確認しなかった」と言えば、「そうか、そういうことか。だったら明日から寝る前にちゃんと確認すればなくなるね」と展開するのです。

ただし、同じことが何回も続き、その都度言いわけをする場合もあります。そのような場合は、次のように展開します。

「いつもいろいろなことがあって、常に忘れ物をしちゃうってことは、それを含めて対策を考えなければいけないね」「例えば、帰ったらすぐに時間割りをそろえるとか、時間割りをそろえたのをお母さんに確認してもらうとか、カバンにチェックリストをつけて○をつけていくとかはどうだろう」と、具体的な方法を先生が提示し、子どもに選んで取り組ませるのです。

ただしかっても、子どもはできるようにはなりません。

そのほかの場面では？

漢字や計算問題でのミスも同様です。いつも同じ間違いをする場合には、子どもと一緒に原因をいくつか考えてみます。原因があがったら、一つ一つに具体的な対応策もつけていきます。次に、対応策の中でどれなら実行できそうか、実行しやすい順に番号をつけ、それを一つずつ順に試していきます。実行する際には、先生が定期的にチェックするなど、できたかどうか確かめる方法も決めておきます。

個人へのポイント 6

教える量 教える方法を 調節する

■改善例

最初の五分くらいで各県の位置関係を説明し、「白地図にその県の名前を入れてごらん」と指示を出します。次も五分くらいで地域の気候と作物の関係を説明し、「各県の特産物を、白地図の表に書いてある指定の色でぬってみよう」「北の方から、つまり地図の上の方からやっていこうね」と指示します。そして、この後は個別の作業にします。

どうするの？

一人では一か二しか進められない子に「三までやりなさい」と指示しても、できずに手遊びをしてしまいます。それをしかってはかわいそうです。

「この問題は自分ではとうてい解決できない」と感じたら、人は取り組むこと自体をやめてしまいます。また、理解できる量を超えていっぺんに教えられても、学習したことは定着しません。かえって、やる気を失ってしまう場合もあるのです。食事と同じで、ほどよく食べるのが健康にいいし、それが一番おいしく感じられます。

そこで、子どもに合わせて教える量や指示の量を加減します。例えば、「二十分で十問やりなさい」と全体に指示した場合にも、このような子どもには机間指導をしながら「特に大事なこの三問をまずやってごらん」「できたり、わからなかったら先生を呼ぶんだよ」と指示を与えるのです。

ところで、出された課題に一つか二つ取り組んでは、その都度先生の同意を得ようとする子がいます。また、課題を提示されたら、あとは細かい口をはさまれずに、自分だけでやっていきたい子もいます。その子どもに合う方法を柔軟に取り入れ、子どもがやりたい方法で取り組ませることも大切です。

例えば、今日の課題に必要な知識を全体で確認した後は、タイプ別に対応します。「先生の同意を得たい子」には、「途中でわからなくなったら先生を呼びなさい」と伝えて独力でやらせます。冒頭のような「無理だと感じている子」には、その都度面倒をみてあげ、ほめてあげていくわけです。

ただ、このようなタイプの子どもたちが全体の三分の一を超える場合は、個別に対応するのはむずかしくなります。学級全体を相手にして、少し進めたら評価してほめてあげる、そしてまた続きをやらせるという展開にすることが必要です。

そのほかの場面では？

しかる場合も同様です。いっぺんにたくさん言われ過ぎると、子どもも混沌としてしまいます。量を調節することが必要です。

個人へのポイント 7

要領のいい子

ねばり強く
がんばっている子
をほめてみせる

■改善例

「M君、いつもボールの後片づけを最後までしっかりとやって立派だね。ご苦労様」と目立たない努力をしている子どもを取り上げます。要領のいい子やみんなの前でほめることで、隠れた取組みも先生はしっかりと評価していることを理解させるのです。

どうするの？

もともと力があるのに、何をやっても飽きっぽく、ほどほどのところで終わりにしてしまう子どもがいます。また、楽で注目される仕事をサッととって、それだけを済ませて終わりにしてしまう子どももいます。

これらの子どもは、要領のいい、利にさとい子どもたちです。

このタイプの子どもが常に注目されていると、裏方に近い係の子どもは、自分のやっていることがだんだんとばかばかしくなってきます。だれでも、楽で評価の高い仕事のほうがいいに決まっているからです。

目立つ係や、華々しい運動や勉強の結果は、わざわざ取り上げなくても級友たちからすでに賞賛されています。日ごろから地道に取り組んでいることが評価される場面を、意識して設定していく必要があります。

ところで、要領のいい子も、周りの子どもたちが大人になってくれば、そうそう通用しなくなってきます。その結果、要領だけがいい奴ということで友達が離れていったり、学習が徐々に低下してきたりします。

ところが、それを本人に言っても、今のままでやっていけるうちは、先生の苦言は届きにくいものです。

そこで、「A君って、責任感があって立派だと思うな。泥に汚れたボールを、きれいに一つ一つ洗ってから片づけていたね」と、**地道な取組みをしている子どもをみんなの前でしっかりとほめる**ようにします。

それをみた要領のいい子は、「僕も○○やったよ」と必ず自己主張するでしょう。しかし、「そうだね」と受容するだけでさっと流します。このような先生の態度を見ているうちに、子どもたちは何をすれば評価されるのかを理解していきます。

天狗になっている子

運動や勉強で天狗になっている子どもの場合も同様です。地道に取り組んでいる子が賞賛されているのを見て、いい気になっている自分に気づくことができます。

個人へのポイント 8

投げやりな子

ビジョンを示す

■改善例

　下絵を熱心に描き上げたころ、「このへんの色はこのように工夫すると、建物が立体的に見えて素晴らしいよね」と、これからの展開の見通しをもたせ、意欲を持続させます。

　少しでも取り組んだ場合は、がんばりを取り上げ、すかさずほめてあげます。

どうするの？

「もう、面倒くさい。これでいいよ」と、自分の描いた絵の全面に、その辺にあった絵の具で色をぬってしまうような子がいます。ものごとに投げやりで、そのせいで、結果も思わしくない子どもです。

　このタイプの子どもは、自分がいくらがんばってもたいした結果は残せないんだとあきらめています。そこで、できる範囲でがんばったらいい結果に結びついた、先生や友達から評価されたという体験を積み重ねることが大事です。

　次のような段階が必要になります。

①取り組む前にビジョンを与え、やる気を引き出す

②取り組んだプロセスや結果にがんばりがどのように実を結んだのか、その子が理解できるようにほめてあげる

　たとえば、絵を描くときに「色の塗り方をこのように工夫すると、絵が立体的に見えて素敵だよ」などと言葉をかけます。見通しをもたせることでやる気を引き出すのです。その際、周りの子どもたちにも、「ねえ、先生はこう思うんだけど、みんなはどう思う？」などと同意を求めます。「私もそう思うな」「立体的に見えるとすごいね」などと友達から期待されているのを感じれば、その子もがんばってみようという気持ちになるものです。そして、取組みの過程でも、頑張ったことがどのように実を結んでいるか、解説しながらほめてあげます。

　投げやりな態度をしかっても、このような子どもは少しも変わりません。このような子どもへの対応は、先生が粘り強い対応ができるかどうかのバロメーターでもあります。

結果が出せなくてやけになっている子

　努力しているのに結果が出なくてやけになっている子どもも同様です。例えば、みんながどんどんできていくなか、一生懸命がんばっているのに自分だけ逆上がりができず、やけになっているような場合です。

　才能がないんだと簡単にあきらめさせず、定期的にビジョンを与えながら先生がじっくり見守ってあげることが大切です。

個人へのポイント　9

なれあってくる幼稚な子

少し事務的に指示を出す

■改善例

授業中になれなれしく話しかけてくるときには、「鈴木君、その話は授業に関係のある話ですか」「関係がなかったら後で聞きます」という具合に、ていねい語を使って注意します。こうすることで心理的な距離をとり、事務的に流すのです。このような子どもの話にかかわると、巻きこまれて学級全体の雰囲気が崩れていきます。

どうするの?

近ごろ、学習や活動へのやる気はなくても、先生とのいい関係を常に確かめていたい幼い子どもが増えています。

学習や活動をサボり、やっていなかったことを指摘されると、「先生許して」「先生、怒らないで、嫌いになった?」とご機嫌をうかがいます。授業中に全体に対して話しているときにも、横から私的な会話をはさみます。そうやって、休み時間の状態を授業にも持ち込もうとするのです。

こんなとき、「今は授業中でしょ!」としかっても、その子は理解できません。切りかえることができない子どもなのです。

この場合、一番いけないのは拒否的にしかることです。自分の行動の是非を考えるよりも、先生に嫌われたと思い、その反動で反抗的になったりします。

このタイプの子どもには、授業中、意識的にていねい語を使うようにすると有効です。先生の言葉づかいの違いで、休み時間と授業のけじめをわからせるのです。

例えば、休み時間には名前で太郎君と呼んでいる場合でも、「鈴木君、今はみんなに説明しているから、話があったら終わってからにしてください」と言って流します。

ただし、君のことが好きだよというメッセージを感じさせること、その子の友達関係の形成を援助することが大切です。

そのほかの場面では?

しかる場合も同様です。このようなタイプの子どもは、事の善悪よりも先生に好かれるかどうかを問題にします。

したがって、その子の性格や人間性について指摘するのでなく、「A君のこの言葉は、B君をイヤな気持ちにさせるね。そんなときはこう言うことにしよう」などと、目の前の行動や態度に絞って話を進めていくようにします。

ただし、最後には、「君が悪かろうとよかろうと、先生は君のことを大切に思っているよ」というメッセージを与えることが肝心です。いい子だから好き、悪い子だから嫌いという次元で接しているのではないことを理解できるようにするのです。

個人へのポイント 10

ぼーっとしている子

質問して考えさせる

どうするの？

授業中、何もしないでボーとしている子、クラスのみんなで活動しているのに、関係ないことをしている子がいます。

「何をしているの」と聞くと「何をしていいのかわからない」。授業中も課題に取り組まず、「どこがわからないの」には「みんなわからない」。決して能力が劣るわけではないのですが、あきらめてしまって動かないのです。自己評価が低く、心の中で自分はダメだと決めつけています。こういう子どもをそのまま放っておくと、クラスのお客さんになってしまいます。

そこで、このようなタイプの子どもには、課題に取り組んでいないことをしかるよりも、**具体的な質問に答えさせて考える道筋をつけてあげる**ことが必要です。

例えば、算数の計算練習では、「たし算の繰り上りの仕組みがわからないのかな、それとも書き方がわからないのかな」という具合に尋ねます。どこがわからないのか、まずわからないところを確認するのが第一歩です。それができていないので、漠然と「みんなわからない」となってしまうのです。

放課後の個別指導も必要でしょう。そのようなときは、単元を逆のぼって、どこでわからなくなったかを確認してあげます。

算数や国語以外の教科では、前ができていないせいで、今まったくできないということは多くありません。しかし、こういう子どもはいっさい投げてしまうことが多く、取り組もうとしないのです。その場合は、先生がいくつかのやり方を提示し、そこから選ばせて、少しずつ取り組むように指導します。比較的得意または好きな科目があれば、それを突破口にするのもいいでしょう。子どもが取り組む道筋を見つけられるよう、先生が繰り返し質問をしてあげることが大事です。

そのほかの場面では？

自分の考えにこり固まり、自己中心的に取り組む子どもにも同様に対応します。「君は自己中心的だよ」としかったら、意欲そのものが低下します。そこで、「班の役割分担は公平ですか？」と質問を投げかけ、考えるきっかけを与えるのです。

■改善例

「どこがわからないの？」「たし算の繰り上り方？」「それとも筆算の書き方かな？」という具合に具体的に質問して、できないところを明らかにしていきます。

できないところがわかったら、取り組む道筋を示してあげればいいのです。「じゃあ、繰り上がりのない二ケタの足し算の問題を十問やってごらん」というように展開します。

第 6 章
注意の仕方・しかり方

はじめは「しからずにしかる」を心がけて

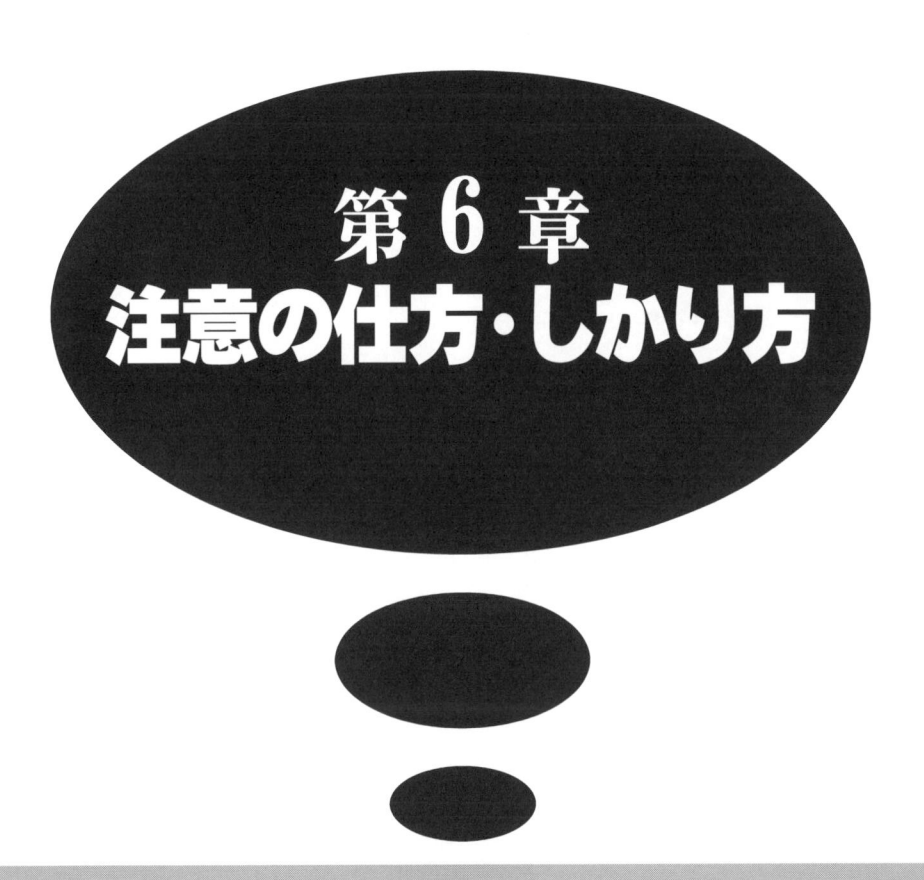

注意する・しかるとは何か

第六章では、注意すること・しかることを取り上げました。すなわち、子どもの間違った行いを正すときのポイントです。

しかることも必要

子どもは、ほめて育てるにこしたことはありません。しかし、注意や叱責も必要な教育です。周りの子どもがその子に同調して学級が騒然とする。悪いと知っていながら同じことを繰り返す。こんな場合、先生の毅然とした注意や叱責は必要なのです。

また、私が調査をしたところ、子どもが最も嫌いな先生は、悪いことをしているのに注意しない先生、見て見ぬふりをする先生です。つまり、注意や叱責そのものが悪いのではありません。指導の場合と同様、しかり方や注意の仕方が問題なのです。

いい注意・叱責とは?

注意する・しかるという行動は、教育につながる場合があります。いっぽうで、単なる攻撃と受けとめられ、反抗心をあおるだけの結果となる場合もあります。

大切なことは、注意や叱責の結果、子どもたちが自分の考え方や行動の問題に気づき、自らそれをあらためようという方向に向かうかどうかです。しかられることで、子どもの行動が変わることが大切なのです。

その前提は、その子の人間性やプライドを傷つけないことです。学級全体をしかる場合も同様です。プライドを傷つけられたと感じたら、大人でも素直に従うことはむずかしくなってしまいます。

ではどうすればよいのか。まず、先生と子どもたちに信頼関係があることです。そうして初めて、「先生は自分のために注意してくれたんだ」と感じことができるのです。ただ「先生がキレた」と感じる場合とは、その後の行動がまったく違ってきます。

注意・叱責のポイント

注意されることで、子ども自身が問題となる考え方や行動に気づき、自らあらためようとするかどうかが大切です。

このためのポイントは次のとおりです。

①注意する場面や時期、時間を工夫する
②問題となる点を十分に説明して、理解させる
③結果ではなく、その問題のプロセスに目を向ける
④自ら変えることができる考え方、行動、態度などについて具体的にする
⑤今度はどうすればよいのかという問題解決型にする

周りの子どもへの効果

注意や叱責をした場合、特定の子どもに対するものであっても、必ず周りの子どもが見ています。したがって、周りの子どももそこから学べるようにすることが大切です。

子どもたちは「ああ、この問題は自分にも思い当たるな、これからは注意しよう」「このようなけんかは、こういう具合に解決すればいいんだな」と学んでいくのです。

集団へのポイント　1

しかるより ほめて動かす

■改善例

できていた子に注目し、「八〇%の子がチャイム着席できていたのは立派です」「そして、ほとんどの子が次の授業の準備をしていましたね」とほめ、さっと授業に入ります。授業の終わりもチャイムとともに終了します。

このような体験から、子どもたちは規律のある生活の必要性を学んでいきます。

どうするの?

小学校では、自我の未熟な子どもたちを大人が教育するので、どうしても頭ごなしにしかりつけやすくなります。

最初は、子どもたちもしかられるのが怖くて言うことを聞きます。しかし、効果は徐々に薄れてしまいます。しかられることや怒鳴られることに慣れてくるからです。

最初は小さな叱責で動かせても、だんだんと強くしからなければ動かなくなってきます。そしてついに、強制的な罰の力には反応しなくなります。実は、こうして学級崩壊にいたるケースはとても多くあります。またエスカレートしたあげく、体罰に行き着いてしまう先生もいるようです。

叱責や罰は、痛み止めや解熱剤のようなもの。問題行動は一時的に低下しますが、根本的な解決はできないのです。

大切なのは、しかったり罰したりした後です。**これからどうすればよいのかを学ばせる**必要があります。そうしなければ、叱責は先生の感情をあらわにしたにすぎなくなります。

またしかった結果、子どもたちに反抗されたのでは、次の指導が入りにくくなります。次の展開を考えなければなりません。

こう考えると、叱責や罰で子どもを動かすより、ほめて動かすほうが、次の指導に結びつきやすいことがわかるでしょう。

例えば、日直が黒板を消し忘れていた場合にも、教室に入るなり「何で日直は黒板消してない?」としからないで、「窓が開いて風が気持ちいいね。黒板は消し忘れかな。気をつけて」と言ったほうが、次の指導にも入りやすくなります。

そのほかの場面では?

日直の仕事を五つ決めておき、四つ以上できなければもう一日やらせるというのは、罰で動かすやり方と同じです。できなかったところにだけ注目が集まるからです。

また、成績に影響するとにおわすのも、罰で動かすのと同じです。直接的でないだけにどこか陰湿で、子どもたちの意欲は徐々に低下してきます。先生の機嫌をとろうとする子どもも出てきて、学級には重苦しい雰囲気が生まれます。

集団へのポイント 2

全体への注意は一人一人の不安を考慮する

コラ！何やっている！
遊んでいた子にはこたえずまじめな子が泣きだした。
あとでまたな
ニタニタ

■改善例

「どうしてそんな大騒ぎになったの？」と理由を個別に聞き、問題の大きさとその子の性格を考慮してしかります。

常習の子には「君たちは何をやっているんだ」と一喝する場合もあります。

ただ見ていた子や不安の強い子には、「これからは気をつけるように」と、間違いを繰り返さないよう指導します。

どうするの？

チャイムが鳴っても半分以上の子が廊下で遊んでいれば、先生は全員をしかりつけます。また、問題行動を繰り返す子どもには、全体の前で雷を落とすこともあります。このように全体に対して厳しくしかるときがありますが、実は注意が必要です。

問題を繰り返す子どもは、全体への注意に「どこ吹く風」のことが多いようです。反対に、わりを食って一緒にしかられる子のほうが、先生の剣幕に驚き怖くなったということも少なくありません。注意や叱責の受け止め方は、一人一人違うのです。

急に不登校になったある五年生の女の子は、「先生に会うのがとても怖い」と言います。担任は、「おとなしい子で、特別に厳しく注意したことはない。なぜそんなことを言うのだろう」と首をかしげていました。彼女が言うには「A君が厳しく怒られているのを見て、いつかは自分の番が来るかもしれないと思った。先生の前に行くと体が硬くなる」ということでした。

許容量を超えてしかられると、子どもは自分の問題に気づく余裕を失います。自ら反省したり解決しようとする気持ちは萎え、先生に対する恐怖心だけが植え付けられてしまうのです。

そこで、**しかる前に、①各自が何をやっていたのかを冷静に聞き、②問題の大きさと各人の性格を考慮して、③個別にしかる**ようにします。厳しくしかられた子どもがひいきだと言うような場合には、時間をずらして一人ずつ話を聞くようにします。また、「注意しよう」レベルと、「こらっ！」と怒られるレベルの例を黒板に書き、子ども自身に判断させてもよいでしょう。

どうしても**学級全体へ叱責や注意をする場合には、不安の強い子どもたちが耐えられるレベル**で行うことです。

恐怖心をあおってしまう場合

冗談混じりの注意でも、子どもによってはまともに受け取ってしまう場合があります。「おしゃべりしていてできなかったのだから、今日は全部できるまで帰しません」「夜になったら警備員さんにみてもらいますよ」などという場合です。

強い叱咤だけで緊張してしまう子どもも中にはいるのです。

集団へのポイント 3

あらたまった態度や場面を設定する

■改善例

教室の正面に黙って立ちます。子どもたちが先生の様子を見て、何かあるぞと感じた頃に、「みんな、机と椅子を後ろに下げて、先生の周りにぐっと集まって座りなさい」と淡々と指示します。

集まったら、注意すべきことをゆっくりわかりやすく説明します。

どうするの？

ワァワァと騒ぐ子どもたちを「静かにしなさい」と一喝。威圧的な声に騒ぎはいったん収まりますが、数分たつとまた再燃。「うるさい！」と先生はいっそう大声を張り上げます。

繰り返される先生と子どもの力勝負はきりがなく、ひどくなればクラスが暴走し、手がつけられなくなる場合もあります。

強く厳しくだけでは、子どもたちは慣れていきます。このパターンを抜け出すことが必要です。先生の意図が際だつよう、次の指導に無理なく移れるよう、注意に工夫をこらします。

例えば、**机と椅子を教室の後ろに下げさせ、全員を先生の半径二メートル以内にぐっと集めます。先生と子どもの距離を縮めることがポイント**です。そして声のトーンを落とし、注意すべきこととその理由を淡々と説明します。次に、これからどうすればよいのか、子どもたちの考えを引き出します。最後は「みんなで決めたことを、みんなが守ろうと努力することを、先生は信じているよ」と述べて終わり、その後は、決めたことが守られているときに、繰り返しほめます。

このようにすると、先生は感情でしかっているのではなく、自分たちのためを思ってくれているのだと理解します。

また、何回か行っていくうちにこの行動が儀式化し、「なんか来るぞ」と子どもたちも意識し始めます。可能なら、「屋上に行って先生の周りに座る」などと、場所を変えるのも有効です。その際も、先生と子どもの距離をできるだけ近づけます。

注意にだけ頼ってルールを守らせると、子どもたちは押しつけられている感じをもち、先生の前だけでルールを守るようになります。自分たちで考えさえ、できたことをほめながら、ルールの必要性を感じさせていくことが大切です。

カミナリは伝家の宝刀

たまにしかられるのなら、子どもたちもあらたまった気持ちになるものです。「ふだんほめてくれる先生がしかるのだから、よっぽどのことなんだ」と心に残ります。「次は同じ失敗をしないようにしよう」という取組みにつながってきます。

集団へのポイント 4

内容を準備し強く短く簡潔にしかる

先生の話を聞きなさい！
ガヤ
ガヤ
ガヤ
静かになったが
やる気がなくなった。

■改善例

おしゃべりのやまない子どもたちのそばに寄って、「何かわからないところでもあるのかな」「そういうときは、手をあげて質問してもいいよ」と対話し、授業に関心を向けさせます。そして「質問がなければ、説明を続けるよ」と展開します。

どうするの?

授業中の私語は不快です。しかし不快感からしかったら、先生は感情的になったのだと子どもはしたたかに見透かします。

また、どんな理由であれ、しかられるのはいやなものです。繰り返し長くしかられていると、神妙な態度でいながらも反発を覚える子どもが出てきます。

迫力満点の叱責は、たしかに一時的な強い力を発揮します。しかし大切なのは、我に返った瞬間、子どもたちが指導したい内容をしっかりと理解しているかどうかです。そのためには、怒鳴る前に、注意する内容をまとめておく必要があります。

まず、「今この子たちにどうなってほしいのか」「何を身につけさせたいのか」と、**指導の目的を自問自答**します。例えば、私語に対する注意の目的は、「説明を理解させること」になります。

次に、**どう伝えるのがいいのか見当をつけます**。怒鳴る・ささやく・質問する・黙り込む・板書を始める・別の行動を指示するなど、さまざまな方法があります。考えつく方法の中から、今の状況に最もふさわしそうなものを選びます。

もしもきつくしかる場合には、それによって**瞬間的に子どもたちの行動を制するようにし、何をどうすればよいか、なぜなのかをできるだけ短く説明して、もとの活動にもどります。**

今の自分は何をすることが必要なのか、何にそって行動したらよいのか、これを子どもたちに伝えることが大切です。特に教室がぎくしゃくし始めたころは、先生に従わせるのではなく、ルールやとるべき行動の必要性に従わせるようにします。

そのほかの場面では?

叱責の長い先生がいます。なぜ長くなるのでしょうか。これは叱責の目的を先生がしっかり意識しておらず、思いつくままに感情的に怒っているからです。しつこいしかり方では、反省すべき点が曖昧になり、逆効果になることが多いのです。

集団へのポイント5

ミスは問題点を指摘し失敗はしからない

■改善例

「みんなは、自分たちのコーナーに多くの人に来てもらおうと一生懸命考えたんだね。先生も、小さいころはグリコのおまけをたくさん集めたもんな。こんなアイディアを出せたことはすごいことだね。だけど、プレゼントはダメだというルールなんだ。だから別な方法を考えよう」と、しからずに次の活動へと結びつけます。

どうするの?

子どもたちのミスや失敗には、二とおりのものがあります。

①気のゆるみや怠慢から来ている失敗

②自主的に取り組み試行錯誤した結果の失敗

前者は、小さなことでもなあなあで済ませてはいけません。そのままにしておくと、責任感や正義感がだんだん麻痺してくるのです。強い叱責はいりませんから、こまめに問題点を指摘します。定期的に取組みを評価するとよいでしょう。

例えば、チャイムのとき「あれ、八〇%の人は着席できているけど、前に比べると落ちてきたかな。決められたことが守れてないよ」と、できていることをほめ、直すことを指摘します。

いっぽう後者については、しかってはいけません。しかられると、「よけいなことをして怒られるより、先生の言うとおりにするほうがましだ」と思うようになり、せっかくの主体的な活動の芽をつみ取ることになってしまうからです。

この場合は、試行錯誤した意欲を十分にほめた後、失敗の原因を具体的に分析させ、次はどのように取り組めばよいのかを話し合わせます。「失敗から学ぶ」という発想を学ぶのです。

「失敗の原因はだれか」という話し合いは絶対にすべきではありません。だれかに原因を見つけたとしても、学級全体の問題解決に役立つことはないからです。

何度注意してもミスを繰り返すとき

何度注意してもなくならない気のゆるみやミスは、その背景に問題が潜んでいる場合が多いものです。注意を繰り返しても効果がない場合は、その原因を子どもたちに分析させ、背景にある問題に気づかせることが必要です。

例えば朝の会は、職員朝礼などの関係で子どもだけで運営することも多くあります。これがどうしてもうまくいかない場合、まずはその原因を話し合わせます。「みんなが日直の話を聞かない」「司会の仕方がわからない」などが出てきたら、その一つ一つに対策を考えます。そして、できるだけ単純な「朝の会進行マニュアル」を作り、必要に応じて修正していくのです。

集団へのポイント 6

不平等は質問やたとえ話で気づかせる

■改善例

「掃除で、男子の仕事と女子の仕事に分かれているようだけど、選べるのなら君はどちらを選ぶ？」と女子に質問します。女子が「男子の仕事」と答えたら、「その理由は？」と尋ね、「では、何で女子はその仕事を選ばないの」とさらに質問して班で話し合わせます。

どうするの？

子どもたちをよく見ていると、なんとなしにまかり通っている不合理な問題があります。例えば次のようなものです。

・掃除で、ある子は常にほうき、ある子は常に床の雑巾がけというように、大変さの違う役割が固定していること

・多くの子が、ある子だけを呼び捨てにしたり見下したあだ名で呼んでいるなど、呼び方やあだ名に関すること

気がつくと、これらはそうしていいような雰囲気が自然にできあがっています。前の学年から続いている場合は特にそうです。しかし、言われている子どもはとてもつらいのです。そして、それをきっぱりと言えない子どもが多いのです。

この問題は、先生が厳しくしかっても「僕だけじゃないよ、みんなそうしているよ」「Aも別に気にしてないしさ」と、悪びれた様子もなく、逆にむっとされるのがオチです。反対に、陰でのいやがらせがエスカレートするかもしれません。子どもたちは、これらの不合理をあまり意識していないのです。

そこで、こんなたとえ話をすると有効です。

「先生が大学生のときアルバイトしたお店では、仕事の内容によってアルバイト料が違っていたんだ。売る人は時給五百円、作る人は五百五十円、機械の点検と店全体の掃除は六百円という具合にね。みんなが班でやっている掃除のいろいろな仕事は、いくらくらいなんだろうね。机を三列運ぶのを五百円として、いくらくらいがいいか、班の中で話し合ってみてください」

このようにして、それぞれの仕事量や困難度を考えさせるのです。そして、「みんなが同じくらいの仕事量を分担できたらいいよね」と説明していきます。

そのほかの場面では？

行事の係などを自主的に決めるときも同様です。明らかに大変さに軽重ある場合があります。しかしここでしかっては、子どもたちが自主的にやろうとした芽をつみ取ってしまいます。

そこで、「この六つの係は、一人でやると何分くらいかかるのかな」と質問して考えさせることで、気づかせるのです。

集団へのポイント 7

教師の気持ちをつけ加える

■改善例

まずは「やめなさい」と強く一喝。みんなが落ち着いてきたら、A男の気持ちを聞いて先生が代弁します。そして、「集団で一人の子をからかうなんて、先生は人間として一番はずかしいことだと思うよ」と感情を伝えます。

ただあやまらせるよりも、その行為の反省点が子どもたちに強く伝わります。

どうするの?

悪さをした子どもを、感情にまかせてしかったのでは指導になりません。いっぽう、先生面をしたまま「いい・悪い」を判定し、すべきことを指示するだけでは人間教育とはいえません。

大事なことは、自分の問題に気づき、悪かった行動や態度を修正しようと子ども自身が強く思うことです。そのためには、先生はどのような態度で接するのがよいのでしょうか。

子どもは、感情も含めて物事を伝えられるほうが深く理解できます。したがって、**問題の内容を一緒に確認したら、最後に先生の感情をひとことつけ加えてあげる**と強く印象が残ります。

例えば、サッカーに夢中になり、低学年の花壇の花を折ってしまった場合です。まずは事情をじっくり聞いてから、「先生は、一年生が大事に育てていた花を折ってしまったと聞いて、とても悲しかったよ」と軽く自己開示します。その後、「それで、どのように責任をとればいいかな」と問題解決に向けて具体的に話し合います。

このような、ちょっとした先生の自己開示は、子どもたちの心に響きます。ただし、「先生は一年の先生に合わせる顔がない」などと、長々と愚痴っぽく言うのは逆効果です。

ほめる場面でも

いい面をほめるときも同様です。皮肉やグチにならないよう、事実に感情を一言つけ加えます。

例えば、台風で荒れた一年生の花壇を男子数人が整理してくれたと報告を受けた場合は、さっそく次の日の朝の会でみんなに伝えるといいでしょう。

「台風で悲惨な姿になった花壇を見たら、低学年の子たちは力が抜けて、やり直す気力もなくなっていたらしいよ。そんなとき、うちのクラスの男子何人かが、放課後に花壇を整理してあげたんだって。先生はそれを聞いて、とてもうれしかったよ、さすがうちの男子だと誇りに思ったよ」という具合です。

手短かにサッと行う先生の自己開示が、子どもの心に強く響くのです。

集団へのポイント 8

長い注意の後は3つのポイントを復唱させる

■改善例

次のように締めくくり、話をビシっと終わらせます。

「長く話してしまったけど、先生はどうしてもみんなに伝えたかったのです。それをまとめると、①いじめは絶対に許さない、②そういう場面を見たら勇気をもって注意する、③三組をいじめのないクラスにするです。みんなで言ってみましょう」

どうするの？

障害のある子を集団でいじめたり、気の弱い女子をみんなで無視したりという場面を目撃したとき、先生は授業などさておいて厳しく注意をすると思います。あとでじっくり理解させることも大事ですが、その場で何か手を打つことが必要です。

こんなときは、「私は今の行為をとても許すことができない！」と、一人の人間としての怒りを前面に表します。そして、長々とお説教をします。問題になるのは、そのあとです。

このようなときは、話がうまくまとまらないことが多く、お説教がとても長くなってしまいます。子どもたちは先生の剣幕に驚いてじっと見つめて聞いていますが、長くなれば長くなるほど話の核心がぼやけていきます。

そして、話があまりに長くなったとき、そのことがいやで、反省する心もどこかに行ってしまうことがあるのです。

ですから、話をしっかりとまとめて終わることが大切です。

まず、**「長く話してしまったけど、先生はどうしてもみんなに伝えたかったのです」**と、何が言いたかったのかを短くおさえます。次に、**今後どうするのかを三つ程度に整理し、子どもに復唱させます**。例えば、「今の話をまとめると……、①いじめは絶対に許さない、②そういう場面を見たら勇気をもって注意する、③三組をいじめのないクラスにする、この三つをみんなも一緒に言ってみてください」という具合です。

翌日にはじっくりと考える場を再び設定し、話合いを深めます。これをしないと、「うちの先生がキレたよ」で終わってしまい、注意した意味がなくなってしまうのです。

「言いたいことは三つあります……」

ふだんから話が長い人は、最初に三つほどポイントを言ってしまうとよいでしょう。事前に要点を決めておけば、そこに考えが集中します。話が脱線して長くなることが少なくなります。

「ちゃんと聞きなさい」と繰り返しながら二十分注意するより、短く五分注意するほうが、子どもの集中力も高く、内容的な理解も深まります。

集団へのポイント 9

注意の後は単純作業で落ち着かせる

■改善例

強い叱責の後の授業では、静かな作業をさせて、子どもの心を落ち着かせます。

「この授業は少し内容を変更して、先生の好きな星野富広さんの詩を黒板に書きます」「配った画用紙に詩を写して、自分の感じたイメージに合うように、背景に色エンピツで色をつけてください」という具合です。

どうするの？

厳しく注意をした後は、子どもも先生も気まずいものです。

しかし「厳しく言い過ぎたかな、ごめん」とすぐに謝ってしまうのは、かえって子どもの不信感を高めます。「そう思うなら、初めからするな」という気分をかき立てて、「先生は怒りっぽいのだ」という印象をもたせてしまうからです。「指導してくれているんだ」という意識がもてなくなり、強くしかられてもだんだんと意に介さなくなってしまいます。

そこで、こうした「ちょっと気まずいな」という雰囲気のときは、**単純な作業を黙々とやらせます**。例えば、詩や物語文の一部を静かに書写させます。

学習としてどうなのかという前に、先生と子どもたち両方の心を落ち着かせる必要があるのです。子どもたちは黙々と作業を進めながら、きつくしかられたことについて考える時間を持つことができます。このような時間がないと、さっきの出来事がなかなか心に定着しません。

そして、次の時間からは心を切りかえて、淡々と授業を進めます。その日一日は、いつもよりていねいな言葉を使って、あまり指示をしなくてすむような課題をやらせます。

ここで気を使い過ぎて、変に冗談などを言うと余計ぎくしゃくするので注意が必要です。

そのほかの場面では？

しかられても、何事もなかったかのように明るく接してくる子がいます。こんなとき、「あの子にはさっき注意したことが伝わっているのだろうか」と先生も考えてしまいます。

この場合も、少し淡々と対応するようにします。ていねいな言葉を使って、子どもと少し距離をとるのです。厳しい顔をする必要はありませんが、一緒にニコニコする必要もありません。

切りかえるとは、先ほどのことをカラッと忘れることではありません。心にしまい込み、そのうえで前向きに行動するということです。後に続く指導を考えるとき、余韻をもたせることは大事です。

集団へのポイント 10

リーダー的な子ほど厳しく注意する

リーダー格のA男が
A子握力強いなぁ。女じゃないよ。
ある女子をからかった。
A君、それはちょっと失礼じゃない？
なんか甘くない？
ひいきだよ！

■改善例

リーダー的な存在のA男に対しても、「A男君、その言い方はB子さんを傷つけるよ」「なぜだと思う」と問い、考えを言わせ、「じゃどうすればよいのかな」と展開していきます。これを見て、他の子どもは「先生はひいきをしない人だ」と納得します。そして、その注意から自分たちも学んでいきます。

どうするの？

学級には、協調的で勉強もでき、スポーツも抜群で、自然とリーダーになってしまう子がいます。先生は、どうしてもそういう子を多くほめがちです。また、ちょっとした問題行動についても、ふだんの行動や態度を考え、つい対応が甘くなります。

ただ、そういう子は学級のごく一部です。ほかの子たちはそのような先生の態度を見て、「A男だけひいきしている」と感じます。そして、自分は先生に思われていないと考え、先生の指導に反抗的になるのです。

したがって、クラスのリーダーやスター的な存在の子ほど、ちょっとしたことでも、**ほかの子どもたちの前でしっかりと注意する**必要があります。人間性と行動は別なのです。それくらいでないと、ほかの子どもたちも納得できません。

怠慢から生まれるミスは必ず注意します。①行動を取り上げ、②なぜ悪いのかを説明し、③どうすればよいかを伝えます。場合によっては自分で考えさせるのもよいでしょう。

これは、問題について他の子どもたちにも学習させる絶好のチャンスになります。A男でも注意されるのだから、大事なことなんだと子どもたちは考えるわけです。

A男には、**定期的にフォロー**します。「君はクラスのリーダー的な存在だから、みんなからいい点も悪い点も注目されているんだ。先生はみんなに言いたいことを、君を例にして注意することがあるが、わかってほしいな。これを頼めるのは、強く信頼できる君しかいないからね」という具合です。

ほめるとき

ほめるときも同様です。クラスのスター的な子どもは、先生があらためて取り上げなくても、級友から常に賞賛されています。このような子どもばかりを先生がほめると、ほかの子どもが嫉妬したり、「自分はどうせだめさ」とやる気をなくしてしまいます。

したがって、先生は目立たず地道な努力をしている子どもこそ取り上げ、みんなの前でほめてあげることが大切です。

個人へのポイント 1

1人をしかる場所と時間とタイミング

三角定規もってきたかな？
忘れちゃった。
ハーイ
ハーイ
B君！あれほど忘れないでって言ったのに…
またかよー
シュ〜ン…
B君は動転して、その時間中活動できなくなった。

■改善例

忘れ物を言い出せないでいる子どもをちょっと呼びます。「どうしたの？」と質問し、事情を聞いたら「じゃっ、同じ班の人に忘れたという事情を話してごらん。それで材料を少し貸してもらって、取り組みなさい」と指示します。

みんなの前でしかられる場合より、次の活動に取り組みやすくなります。

どうするの？

注意や叱責は、子ども本人が問題となる考え方や行動に気づき、自分から修正しようという気持ちになることが目的です。

繰り返しますが、叱責は感情にまかせた結果ではありません。行動を変えさせるために、それなりの計画が必要なのです。

一人の子をしかるときは、その子に応じた繊細な気配りが必要になります。その子のプライドを傷つけずに、問題に気づかせるための基本的な配慮事項は次の三点です。

(1)ほかの子のいないところで注意する

公衆の面前で非をとがめられたら、大人でもいい気持ちはしないものです。プライドを傷つけられたと感じ、そのことで頭がいっぱいになりまず。問題を理解するどころか、傷つけた人への反抗心が芽生えてきます。そんなときは、いくら注意しても反抗心をあおるだけです。そこで、二十分休みに相談室に呼ぶなど、ほかの子どもが見ていないところで注意します。

(2)注意する時間を確保する

その場で注意したほうがいいのは、軽い指摘レベルのものと、重大な危険を伴う場合です。例えば、廊下を走っているとか、遊んでいるふりをして誰かをいじめているような場合です。そのほかに女の子をからかうとか、班の仕事をしないで迷惑をかけているような場合は、放課後や休み時間などに少し時間を確保して、じっくりと注意します。

(3)しかる時間は短めにする

一人のときは、集団に比べて半分位の時間でしかるのが妥当です。一人で呼び出されただけで、十分に効果があるからです。

そのほかの場面では？

反抗的な子どもには、特にこれらの留意点を守ります。そのような子は、わざと先生の注意に反抗し、周りの子どもたちに示したいと思っています。それに巻きこまれて感情的に対応すると、その子の思うつぼです。毅然と対応できない先生を見て、周りの子どもたちは、だんだんと信頼感を低下させてしまいます。ですから、放課後にじっくりと対応したほうがいいのです。

個人へのポイント 2

反発を予防する

■改善例

掃除をさぼっている男子に、いきなりしからないで「掃除するところがなくなったのかな?」と質問します。「ここの部分はやってしまいました」と答えたら、「あとはどことどこが残っているのかな」「じゃあA君はここを、B君はそこをやってください」と指示し、速やかに次の行動に取り組ませます。

どうするの?

しかるときも、初めから詰問調だと子どもは心を閉ざしてしまいます。自分の問題に気づかせるためには、先生の言葉を素直に聞く姿勢を準備させることが必要です。

カウンセリングでは、これを「抵抗の除去」といい、さまざまな工夫をこらします。呼び出したら、しかる前に一呼吸入れて、子どもの心をほぐすように心がけるとよいでしょう。

(1)前おきをする

いきなりしかる前に、「君も気づいていると思うが……」「先生も子どものころよく失敗したけどね……」と前おきをする方法です。これだけでも、心理的な抵抗はとても弱くなります。

(2)質問で始める

「先生がなぜ君を呼んだのかわかるかい?」「あのとき、どうしてあのような行動を君がとったのか、先生はよくわからないのだけれど、教えてくれる?」と質問から入る方法です。

先生に呼ばれただけで、子どもは不安になっています。追いうちをかけるように、いきなりしかったのでは、自分の行動を振り返る余裕などありません。そこで、「一人で呼ばれて不安かな?」とダイレクトに聞いてしまうのも一つの方法です。

一方的にまくし立て、子どもに謝らせて「ハイおしまい」とすれば先生の感情は収まるでしょうが、子どもの変容につながるかどうかは疑問です。

そのほかの場面では?

授業中のおしゃべり、掃除のさぼりへの注意も同様です。

「何かわからないところがあるのかな?」「次に何をすればいいのかわからないのかな?」「掃除するところがなくなったのかな?」と質問し、会話を通して現在の行動の反省点に気づかせます。子どもが自分で気づいたら、「じゃ、四ページの問題を続けてやってごらん」、「ここの部分をよくふいておいてくれる?」と、次にとるべき行動を速やかに促すのです。

個人へのポイント 3

現在の行動や態度だけをしかる

■改善例

今の問題だけを取り上げ、「国語のノートを忘れたの？」「忘れた原因はなんだと思う？」と質問します。次に、答えたことに対する対策を言わせます。そして、「宿題が終わったら、すぐに明日の時間割りをそろえるんだね」と繰り返し、「じゃ、今日から取り組んでみようね」「先生はしばらく様子をみているよ」と促します。

どうするの？

目の前の悪ふざけをしかっているうちに、以前見逃した悪さをふと思い出し、「そういえば……」と追いうちをかけてしかる。

これはお説教が長くなるパターンです。話題がいくつにも及んで話が長くなると、子どもは何をあらためるべきだったのか混乱してしまいます。そうなれば、先生のカミナリが過ぎ去るのをただただ待つだけです。

それどころか、長くてくどい叱責には、反抗心さえ芽生えだします。さらに追い詰められれば、自分の人間性を否定されたと感じ、結局、先生の言葉に素直に従おうとはしません。

これを防ぐためには、次の二点に注意します。

⑴現在のことだけ　過去の重大な過ちを思い出しても、「そういえば……」と別な話を持ち出さないようにします。指導のむずかしい子ほど、一つの注意がその子に届く意味は大きいのです。あれもこれもとならないで、今ここで起こっている出来事だけを問題にしてしっかりと理解させます。

⑵目に見える行動　いくつも注意していると、「だから○○君は……」とその子の人格さえも非難しがちです。例えば、「○○君、ノート忘れたんだね」と、ここまではいいのですが、「忘れっぽいな」と加えてはいけません。これは、その子の行動を勝手につなぎ合わせ、その子の人格にレッテルを貼ることです。まして、「そのうちだれも貸してくれなくなるぞ」と脅すように展開しては、子どもは救われません。

子どもの目に見える行動や態度について話を絞り、原因を自分なりに考えさせ、対策を立てさせて、それを先生が簡潔に確認するようにします。

そのほかの場面では？

過去の出来事から現在の問題まで、理路整然と腰をすえてじっくりとしかる先生がいます。しかし、子どもが素直に従うかと言えば、そうではない場合が多いのです。追いつめられて、自分が否定されたように感じてしまうからです。子どもの変容を促すためには、あくまでも「今ここで」に絞ります。

個人へのポイント 4

必要に応じてフォローする

■改善例

掃除をさぼっていた子どもに、「掃除の時間に終わらなかった分はどうするのかな」と質問します。放課後に残ってやることを確認したら、先生も放課後はその場についているようにします。そして、「ていねいにできたね、ご苦労さま」と責任を果たしたことをほめて下校させます。

どうするの？

しかられたことに子どもが反発や抵抗を感じていたら、次の行動にはつながりません。しっかりとしたフォローが必要です。

フォローの内容は、**①その子の人間性を否定したのではないことを伝え、②ひっかかっているわだかまりをとる**ことです。

例えば、「このようなことはほかの子には注意しないが、君ならわかると思って話したんだ」という具合に、その子の自尊心を高める言葉をつけ加えるのもいいでしょう。

しかる量が多すぎた、強すぎたと感じた場合は、「強く（たくさん）言い過ぎたかもしれないが、先生はどうしてもわかってほしかったんだ」「そして、君ならわかると思ったんだ」と感情を一言つけ加えます。

また、ひととおりしかったあとに、「すまないが、習字の作品を貼るのを手伝ってくれないか」と頼み、**二人で単純作業をする**のもいいでしょう。終わったあとに、「ありがとう、助かったよ」と感謝の言葉を伝えれば、「先生は僕をダメだとは思っていないんだ」「あの点にだけ注意すればいいんだ」と、子どもの抵抗が低下するわけです。

このようなフォローは、叱責を通した指導を効果的にします。したがって、どのようなフォローをすれば期待される行動が定着するのか、叱責するときにはそこまで考える必要があります。

そのほかの場面では？

学級全体を強くしかった場合は、気の弱い子どもや不安の強い子どもに個人的にフォローをする必要があります。これらの子どもたちは、先生の叱責をとても深刻に受け止めてしまいがちです。とりあえずでも言葉をかけて、先生に対する恐怖心や緊張感をやわらげることが必要です。

例えば、「さっきはかなり怖かった？」「先生は、この部分だけはどうしてもやっちゃいけないことだと思って注意したんだよ」と個別に言葉をかけます。

個人へのポイント 5

謝らせるより責任の取り方を教える

■改善例

「禁止だということは知っているね」と伝え、どうばんかいするのか質問します。子どもたちが、「一週間、自分の掃除以外に廊下のふき掃除をします」と答えたら、それを帰りの会で発表させます。そして、「忘れないために仲間同士で注意し合います」「それでも忘れたら、みんな教えてください」と対策も考え発表させます。

どうするの?

注意をして謝らせても、平気で同じことを繰り返し、その都度謝って済ます子どもが少なくありません。この場合、その都度しかって謝らせても効果は期待できません。これを繰り返すことは、しかられるのを我慢して「ごめんなさい」と言えば、その場を切り抜けられると学習していることになるからです。

そこで、どのようにすれば責任がとれるかを考えさせます。責任をとるには、**①失敗を取り戻す努力をする、②同じ失敗を繰り返さないよう対策を立てる、③みんなにも納得してもらう、**ことが必要です。

例えば、ゴミ捨てをさぼった場合には放課後に残って捨てるとか、廊下でボール遊びをした場合には、一週間ボールに触らないことにするとか、子ども自身に考えさせます。これは帰りの会などで発表させ、ほかの子たちにもいいかどうか尋ねます。

これが徹底されていないと、学級のルールが崩れる原因となってきます。「すみません」で終わらせたら、まじめに取り組んでいる子がやる気を失います。

日常の指導

このような責任の取り方は、ふだんから**先生がモデルになって伝える**のが一番です。例えば、顕微鏡で花粉を調べる実験のとき、めずらしい花の花粉を持ってくることを約束したのに、うっかり忘れてしまった場合です。先生も「ごめんなさい」と素直に謝り、「次の時間には自分の家だけでなく、近所の花屋さんに頼んでめずらしい花粉を持ってきます」と言って実行します。さらに、「先生がみんなに約束したことは、その場でメモにとって忘れないようにします」と宣言し、実行します。

そのほかの場面では?

忘れ物も同様です。忘れたことで、自分にどのような不都合があったのかを考えさせ、遅れた部分を宿題としてやってくるという責任のとらせ方を学ばせてもいいでしょう。同時に、忘れないための工夫も、子ども自身に考えさせます。

個人へのポイント 6

やりにくい子に巻きこまれない

■改善例

「あれ、君がけとばしたのはだれのだろう」と質問します。「知らないよ」と反抗的に言い返したら、それをさっと拾って子どもに見せ、名前を確認します。そして「A君のだから渡してあげて」と頼みます。「やだ」と答えたら「じゃ、これB君がけとばしていたよと伝えて、先生が返そうか」という具合に展開します。

どうするの?

素直に注意を聞いて反省する子が少なくなりました。しかられる理由に納得し、感情的にも先生に受け入れられて、やっと子どもたちは重い腰を上げるのです。

このような一人一人への対応を省略して、「やりなさい」と命じたり、その子に合わない対応をした場合、その子と先生が感情的な泥仕合を演じてしまうことがあります。

また、クラスには一人や二人、やりにくい子どもがいるものです。適切な対応ができず、子どものレベルに引き込まれ、思わず感情的になって、指導ができなくなってしまう子どもです。

このように先生がペースを乱されることを、「巻きこまれ」と言います。これには、注意しなければなりません。

先生が巻きこまれているのを見ると、学級の子どもは「情けない、先生のくせに……」と思い、だんだんと先生の注意を聞かなくなります。一部の子どもから始まり、そのうちにほとんどの子どもの反抗で学級崩壊になったという事例は、この最悪な結末です。ですから、このような子どもは、できるだけほかの子どもたちのいないところで個別に指導することが必要です。

先生を巻きこむ子どもたちは、多くの場合、感情を逆撫でする発言をしたり、常識から著しく離れていたり、バカにしたような発言をしたりします。ですから、そんなときにすばやく**対応するための言葉がけを身につけておく**ことが必要です。

例えば、カーッときてしまったら「先生もこんな気分で話を続けたら、時間がどんどんたってしまってもったいないと思うんだ。二十分休みにじっくり話そう」と言って会話を切り上げます。そして、時間をおいて冷静になってから対応します。

感情的になったら、先生の負けなのです。

そのほかの場面では?

学級全体のザワザワとした雰囲気に、先生がヒステリックに怒鳴っているというのはまさに「巻きこまれ」です。怒鳴り声も、そのうち子どもたちの雑音に消されて効果がなくなります。これでは、「先生はキレやすい」で終わってしまうのです。

個人へのポイント 7

言いわけばかりする子

まずは話を聞く

いじめが発覚した
他の子もやってるのに何でオレばっかり…。
君は、悪いと思わないのか!
別に。
別にとは何だ!

■改善例

「なぜ呼ばれたのかわかる?」と、思い当たることをじっくり話させます。そして、事実を示して反省させます。
もし「ほかの子もやっているのに」と居直ったら、「ほかの子のことは、その子にあらためて言います」と毅然と言い、「これからどうすればいいの」と、今後の対応を語らせます。

どうするの?

注意すると言いわけばかりする子どもがいます。自分の行動を振り返ろうとしないのです。徹底的に自分の責任を逃れ、先生や友達の言葉じりをつかまえて、逆に攻撃をしかけてきます。

こういう子には、少し距離をおいて接し、**①言いたいことを言わせてから、②「では、どうしたらいいと思うの」と逆に提案させる**ようにします。

「べつに」などとごまかし始めたら、「人の意見には反対できるけど、自分の意見はないのかな」と質問します。そして、「案がなければ、とりあえず先生が言ったようにやってみて。あとで違うやり方がいいと思ったら伝えに来てください」と言って終りにします。

先生のいろいろな言葉がけは、この場合、逆効果になります。巻きこまれる前に伝えるべきことを伝えて、サッと離れます。その後に、じっくりと対応方法を考えるようにします。

反抗的な子

反抗的な子の場合も同様です。子どもの話を途中で否定しないで、最初にどんどんしゃべらせます。その後、先生から具体的な事実を示し、そのことについて反省させます。

「ほかの子もやってるよ」と居直ったら、「今は、君のことを話しているのです。ほかの子のことは、その子と話します」と続け、「君の考えを言ってみて」と促せばよいのです。

自己主張の強い子

自己主張の強い子もまた同様です。この場合は、注意した後にも、話す時間を十分に与えます。そして、「君の言いたいことは先生もわかった」と伝えます。そして最後に再び、「先生の言いたいことはA、B、Cだよ」と注意のポイントを示して、「言ってみて」と復唱させてから帰します。

このような子どもたちには、最初に存分に話をさせることがポイントです。先生の注意を素直に聞けないほど、日ごろの不満がたまっている場合が多いからです。それを全部はきださせないと、先生の注意や叱責も入る余地がありません。

個人へのポイント 8

押し黙る子

最少限の内容で

■改善例

黙っている子には、「先生の伝えたいことはAとBです」と要点を簡潔に説明します。そして「復唱してごらん」と促し、じっと待ちます。言えたら、「後でも、言いたいことがあったら、いつでも言いにおいで」と伝えて帰します。

どうするの？

先生の注意に、返事もせず押し黙ってしまう子どもがいます。このような子は、「自分が説明したところで、どうせわかってもらえないだろう」と初めからあきらめています。また、「自分は先生に嫌われているのだ」という思いを強くもっています。

したがって、先生の注意も自分のためなのだとは思えず、ただ攻撃されていると感じてしまうのです。だから、じっと口をつぐみ防御しているわけです。

多くの場合、日ごろの先生との関係が背景にあります。時間をかけて、少しずつ関係の修復に努めることが大切です。

そこで、**①先生の伝えたいことをゆっくりと端的に話し、②「もし、黙っている理由があったら話してください」と理由を尋ね、③「なければ、注意のポイントはA、Bです」と要約して伝え、④「最後に言いたいことがあったら言ってください」と繰り返し、⑤なければ注意のポイントを復唱するように促し、⑥復唱したら帰す**ようにします。復唱させるときは、せかさずに、じっと待っていればよいのです。

「べつに」と言って心を閉ざす子

「べつに」と言って心を開いてくれない子どもの場合も同様です。まずは「べつにと言われても先生はわからないから、説明してくれないか」と頼みます。ただし、無理やり話させる必要はありません。その後は、さきと同様な対応をします。そして最後に、「何か言いたくなったら、いつでも言いにおいで」「君が心にいやなことがなく生活できるほうが、先生もうれしいからね」とつけ加えて帰します。

聞く耳を持たない子

何を言っても聞く耳を持たない子の場合も、また同様です。一対一の場面ではできるだけ近距離に寄り、話すトーンを落とします。内容は感情面を中心におき、先生は淡々と語るようにします。最後は、「君はどう思う」と質問します。特になければ、「先生の言ったことを考えておいてね」と言って帰します。

個人へのポイント 9

うぬぼれの強い子

簡潔に注意して考えさせる

■改善例

「この前の試合のシュートはすばらしかったね」とまずはほめ、プライドを高めます。そして、「さらに、苦手な子にやさしく教えることができたり、ほかの子にうまいアシストができるようになると、もう最高だよね」と、アドバイスのように注意を与えます。

どうするの?

勉強やスポーツができる、家がお金持ちという理由で、うぬぼれの強い子どもがいます。こういう子は、先生の注意にも耳を貸さず、適当に受け流すような態度をすることがあります。

このような場合は、うぬぼれることへの戒めを一般論として語ります。そのときには先生の感情もともに伝え、子どもの心に迫ります。そして、子どもの考えを語らせます。

例えば、「少しサッカーがうまいからって、ヘタな子をいじめる人は情けないと思うんだ。スポーツマンらしくないよね」「そう思わないかい?」と質問します。このようにして、例えの入った一般論について答えさせるのです。

「まあ、そうだね」と子どもが曖昧にごまかすような場合には、「A男君もさわやかなスポーツマンになってくれよ」とニコッと笑って伝え、帰します。

ポイントは、**端的に注意を伝え**、**あとは自分で考えようとする余韻を与える**ことです。このタイプの子どもは、くどくど言うとかえって抵抗が生じてしまいます。しばらくして行動が変容してきたら、機会をとらえてほめてあげるのです。

プライドの高い子

プライドの高い子も同様に対応します。ただし、このような場合は、まずその子のプライドを満たす言葉がけをします。その後で、「よりよくなるためには、A、B、ができるといいね」という具合に、アドバイスの形で注意をします。

競争心の強い子

競争心の強い子の場合、呼び出して注意するより、ほかの子どもがほめられているのを見せるのが近道です。その内容を見て、自分の問題に気づかせるようにします。

このような子どもは、級友がほめられる内容はすぐに取り入れようとします。どうしても個別注意が必要な場合は、「このレベルの注意は、君だからしたいんだ」「君にはもっとがんばってほしいからね」という具合に、先生が高い期待をもっていることを最後につけ加えると有効です。

個人へのポイント 10

配慮を要するさまざまな子

■改善例

質問しながらその子の気持ちを引き出していきます。そして、「君がA男をぶってしまった気持ちは、先生もわかる気がするよ」「もし君の立場だったら、絶対にA男をぶたないとは言い切れないものな」「それでぶってしまったんだね」と感情を受容し、「今度は暴力でなくて解決できるといいね」と対策を話し合います。

不安が強くてオドオドしてしまう子

このような子は一人のときに注意せず、二〜三人で同じような問題行動をしていたときに一緒に注意するようにします。

どうしても一人で注意しなければならない場合は、「君だけではないんだが……」とか「先生も子どものころ、よく同じような失敗をしたんだけどね……」と**前おきをしてから、短時間で注意**をします。そして、注意の結果、行動が変わってきたら、その都度それをほめてあげるのが大事です。

あまのじゃくな子

このような場合、「こう言うと君は怒るかもしれないがね……」と機先を制してしまいます。前おきの段階で、怒らないで話を聞こうとする姿勢を促すと有効です。

自分は悪くないと言い張る子

このような子は、人に認めてもらえないという感情が心のしこりとなり、意固地になっています。ですから、まずはそれを受け入れてあげることが大切です。心理的な逃げ場をつくってから、行動について反省させます。

例えば、質問してその子の思いを引き出しながら、「そうか、君がA男をぶってしまった気持ちは、先生もわかる気がするよ」「もし先生が君の立場だったら、絶対にA男をぶたないとは言い切れないものな」「それでぶってしまったんだね」と、認めていきます。そして最後に、「今度同じようなことがあったら、どうすればいいのかな」と話し合い、暴力に訴えない行動の仕方を二人で確認するといいでしょう。

こじれた問題を起こした子

例えば、友人の悪口を言われたので、その子をかばうためにA男がB男をいじめてしまった。しかし、悪口を言われた当の友人はまったく気づいていなかった、などという場合です。

この場合、単純にいいか悪いかを結論づけても意味がありません。事実関係を説明させ、出来事の経過を分解します。そうして、ほめるところと注意するところを明確にした後で、ほめるところをほめ、注意すべきところを注意すればよいのです。

第7章
先生のメンタルヘルス

きびしいストレスをしのぐ知恵

支え合うネットワーク作り

——受け止めてもらう仲間

先生の心が健康であることは、子どもたちのためにも大切です。心身が疲れていると、やる気がなくなり、他人にやさしくできなくなります。カリカリしていると、子どもへの対応にマイナスの影響を与えます。

特に学級がまとまらず苦労しているとき、先生は最も大きなストレスを感じています。思いがけずぞんざいな対応をして、悪循環を加速させてしまいやすいのです。

だから、子どもへの対応を充実させようと考えたとき、先生自身の心の健康を保つことは大切なのです。これも仕事の一つとして、読者自身また職場の仲間同士で取り組んでほしいというのが私の願いです。

支えてくれるネットワークづくり

①本音を語り発散できる友人グループ

まず第一には、本音を語れる友人グループと定期的に集まって、日ごろの愚痴やうっぷんを徹底的に解消することをお勧めします。食事をしたり、カラオケに行ったり、スポーツをするのでもいいでしょう。**とにかく発散する**ことです。

この友人グループは、利害関係の少ない

相手で、気楽にいつでも集まれる人が最適です。職場内にこういうグループがある場合はベストですが、徹底的に本音が言える同じ職場の同僚となると、すこし少なくなるかもしれません。また、職場が変わっても持続していきたいですから、職場に限定する必要はないと思います。

②グループでアドバイスし合う

十分に発散できたら、お互いが抱える問題についてアドバイスをし合います。**相手を励ますという点を前提に、こういうふうにしてみたらと、アドバイスをし合います。**

適切なアドバイスをもらえるにこしたことはありませんが、意外に同じ悩みをもっていることに気がついて安心したり、みんなで話すことで問題をとらえる視点が広がるなどの効果が大きいものです。

③友達グループから研修仲間へ

そして、何回かに一回の割合で、**友人グループでいろいろな研修会に参加してみる**ことをお勧めします。研修会も一人で参加するのは気が重いですが、友人がいれば不安が減ります。参加した後の内輪の反省会もまた楽しいものです。研修会で学んだことが共通の話題になって、自分の実践にどう生かせばよいのかが具体的にイメージできるようになると思います。

研修会は、どこかの学校の公開授業でも、教育委員会主催のものでも結構ですが、**演習を兼ねた実践的なもの**がいいと思います。対人関係能力の育成や集団の理解とリーダーシップのあり方などは特におすすめです。

このような内容は、教育委員会主催の研修会でなかなか見つかりません。けれど、必要性の高い領域は、お金を払ってでも一般に公開されている研修会に参加したいものです。いくつかの利点があります。「お金を払った分、元をとるとぞ」という意識が自然と意欲を高めます。また研修会にはほかの業種の人も来るので、多くの刺激を得ることが期待できます。

このように研修していくと、お互いのアドバイスはより的確になります。また、対人関係やリーダーシップの研修会で身につけた技術を、グループでもう一度練習することで、実践的な力になっていきます。心の健康の維持と実践力の向上を、友人グループを通して達成していくわけです。

研修会で仲間をつくる

職場や地域に本音で語れる友人がいない、近くに大学の同窓生もいないという方は、一般の研修会に参加されると多くの人と出会うことができます。似たような研修を受けていれば、顔見知りもでき、友人が見つかることも多いのです。

勧めたいのは、日本教育カウンセラー協会（理事長　國分康孝）の研修会です。学校現場のニーズに沿い、面白くて、ためになり、学問的背景のあるプログラムで技術も身につけることができます。

問い合わせ　０３・３９４１・８０４９
日本教育カウンセラー協会講座係

■教育カウンセラー養成講座の例

盛岡市キャラホール　三日間　三万五千円
構成的グループエンカウンター・片野智治
カウンセリング概論・國分康孝
精神分析的カウンセリング・國分久子
学級経営に生かすカウンセリング・河村茂雄
問題行動の心理・田上不二夫
キャリアガイダンス・木村周

教師観を点検する
——まじめで熱心な先生の盲点

「まじめで熱心な」「ベテラン」先生の学級でも崩壊が発生しています。私が相談を受ける半分がこのタイプの先生です。

つい四、五年前までは、経験に裏打ちされた教師らしい対応が力を発揮してきました。しかし、それが通用しなくなっています。先生たちはそれでも自身の教育信念を実現しようとねばり強く取り組んでいます。それが子どもたちのためだと思うからです。しかし子どもの実態からは離れ、学級は荒れるいっぽうなのです。

このようなケースは、教育技術を一部修正すれば解決するものではありません。「現在の子どもたちに必要な教育とは」という、教育観、子ども観、そして教師観のレベルから再検討することが必要です。その先生が納得し、かつ現代の子どもたちも受け入れやすい教師観を、再構築する必要があるのです。

試しに、次ページの「教師の思いこみチェック」をやってみてください。私が多くの先生方にアンケートをとり、実際の学級状態も合わせて作成したものです。

教師の思いこみチェック

各質問の内容について，先生の教育観に近い数字に，○をつけてください。
他の人に見せるものではないので，自分の本音で答えてください。

数字には次のような意味があります。

４：とてもそう思う
３：少しそう思う
２：あまりそう思わない
１：全くそう思わない

1．学級のきまりがゆるむと，学級全体の規律がなくなるので，教師は毅然とした指導が必要である。	4—3—2—1
2．教師はその指示によって，学級の児童に規律ある行動をさせる必要がある。	4—3—2—1
3．教師は学校教育に携わるものとして，同僚と同一歩調をとることが必要である。	4—3—2—1
4．児童は，担任教師の指導を，素直に聞く態度が必要である。	4—3—2—1
5．教師は児童のあやまちには，一貫した毅然たる指導をする必要がある。	4—3—2—1
6．教師と児童は，親しい中にも，毅然たる一線を保つべきだ。	4—3—2—1
7．児童の教育・生活指導には，ある程度の厳しさが必要である。	4—3—2—1
8．学級経営は，学級集団全体の向上が，基本である。	4—3—2—1
9．児童は授業中に，挙手の仕方・発言の仕方など，規律のある態度が必要である。	4—3—2—1
10．児童が学校・学級のきまりを守る努力をすることは，社会性の育成につながる。	4—3—2—1

河村茂雄『Q-U実施・情報ハンドブック』図書文化社　34ページより

○をつけた点数を合計します

自分が○をつけた数字を合計してください。その合計した点数は、「子どもたちを一つにまとめ、同じことをすみやかにやらせる」という伝統的な教師らしさを、どのくらい熱心に達成しようとしているかを示します。

これは高ければいいというものではありません。あまりこの気持ちが強すぎると、子どもの声を聞くことのない強引な学級経営となり、破綻してしまいます。先生自身も「こうしなければならない」と強い思いこみにとらわれて、ストレスに心がむしばまれやすくなります。もちろん低すぎれば、先生の役割を放棄した先生に近くなります。

では適正値はどのくらいでしょうか。私の調べた結果によると、二五〜二九点で、子どもたちの意欲が最も高くなります。

ビリーフを変える

各チェック項目は、教師のビリーフといわれ、「絶対に達成しなければならない」と思われがちな内容です。

得点が高い先生は、このビリーフを弱めるために、質問の文章のあとに「〜にこしたことはない」とつけ、自分に言い聞かせてください。そして学級でどんなときにこれを意識するか思い浮かべ、新しい対応を考えるのです。

自分なりに納得して見つける

長年自分を支えてきた信念を見つめ直すのはつらい作業です。

異業種の人との交流や、間接的に教育に生かせる新たな領域、例えばカウンセリングなどを、一から学び始めるというのもいいでしょう。違う発想に刺激を受けたり、自ら学ぶことで、「教える」ことを素直に問い直せるようになります。

新しい技術を身につける

自分の教育観や教師観に、ある程度の柔軟性がもてるようになってきたら、

・子どもたちを和ませるプログラム
・子どもの自己表現を引き出すプログラム
・学習や生活体験を子どもたちが自分なりに意味づけできるプログラム

これらを実践できるよう習得します。

さらに、学級集団と個々の子どもの状態を理解する技術と、対応の方向性を見つけることができる技術を身につければ、取り組みに確信をもつことができるでしょう。

現在、構成的グループエンカウンターが注目されています。私は、エンカウンターの講師もしばしばしますが、実はエンカウンターは、子どもたちの雰囲気をよくするだけでなく、先生自身にとっても学べる要素が多いのです。それは、エンカウンターには前述の三つの要素と、教師の指示の仕方、言葉かけの仕方などのエッセンスが含まれているからです。多くの先生がそのエッセンスを、自分の教育実践に取り入れようとしているのだと思います。

エンカウンターグループのリーダー像が、これからの先生のモデルになるのではないでしょうか。

教師の思いこみチェック　診断結果

35点以上・指導重視

学習指導も生活指導も徹底しています。学力も高く、きまりを守るなどの社会性もしっかり育つ整然とした学級でしょう。

子どもたちにとっては、がまんの学級生活です。ストレスが強くて、やる気が低迷し、自主性が育ちにくくなります。

先生の言うことを聞く「いい子」たちですが、耐えられなくなった子どもは、反抗するか、いじめ・いたずらを始めます。そのような子が過半数を超えたとき、一気に崩壊に向かう可能性があります。

先生の視点が学習指導と生活指導の二面に限られ、認められない子は不満を募らせます。多様な面を認めることが必要です。

30～34点・バランス重視

指導と援助のバランスがよく、学級は「勉強と遊びのけじめある生活」となっています。

ただし今以上に管理的な指導が強まると、ついてこれない子どもがでます。例えば、学芸会など大きな行事を控えた時期は、たくさんのことを短時間でこなさなければいけないので指導的な側面が強くなります。

全員同じように接しているつもりでも、指導的側面ばかりで対応してしまう子と、援助的側面を強く押し出して対応する子が固定し、子どものやる気に差が生じてきます。

「教師の権威」を前提に指導する先生の場合、大きな反発を招く危険があるので、スキル（４～６章）を高めるか指導意識を弱めるかが必要です。

25～29点・個性重視

個性や自主性を発揮する機会が多く、子どもたちのやる気はもっとも高くなります。先生には、子どもの気持ちや適応に配慮した受容する雰囲気があるので、ふれあいのあるあたたかな人間関係が生まれます。

ただし教育技術が伴わないと、学級集団を育成できず、騒がしい学級になります。

24点以下・放任

先生らしくない先生に、子どもたちは緊張の少ない学級生活を送れます。

先生が子ども同士のトラブルにかかわることが少なく、気の弱い子は学級生活に不安を感じます。放任されていることが、不信につながり、学級生活での目的意識がもてなくなります。集団の教育効果は期待できません。

共依存に注意!
——立派だけど息苦しい先生

1
A男君、しっかり話を聞いて!
はい、ノートをとって!
2
あらら、B子ちゃん元気ないじゃない。
3
先生!
先生!
先生!
4
みんなが私を必要としてるわ。充実…。

子どものために無報酬の残業を重ね、身を削りながら教育に取り組んでいるのが大半の先生です。先生という使命と役割が、人生の大部分を占めてできる仕事です。

私が相談を受けるのも「まじめで熱心」な先生がほとんどです。面接をしているうちに共通した傾向をもつ場合が多いことに気がつきました。だいたい次の五つの特徴があるようです。①中途半端や妥協を嫌う完全主義的な面がある。②多くの仕事を引き受け、ひたむきに取り組もうとする。③自分の私生活も犠牲にするくらいに理想主義的な面がある。④すべて自分が主導権をとらないと気がすまない面がある、など。

共依存的な関係

さらに私は、相談を受けているうちに、「共依存」的な人間関係が存在している場合があることに気がつきました。

共依存とは、支配する人とされる人が、その関係を維持することで安定している状態のことです。一方が「愛しているからそうしている」「あなたのためにやっている」という形をとりながら、実は相手を自分の思いどおりにしている状態です。

母子密着型の親子はその典型です。母親がかいがいしく子どもの面倒をみます。子どもは何をするにも母親だのみで、いっけんわがままです。同時に依存心が強く、母親がいないと何もできません。しかし、母親のほうにも思いどおりになる子どもの存在が必要です。知らず知らずに世話をやきすぎ、子どもが自立できないよう、自分から離れられないようにしているのです。

では、母親にはなぜこのような子どもが必要なのでしょうか。その背景には、母親が自分の生き方に対して虚しさや不全感を感じていることがあります。夫が仕事ばかりで家族は放りっぱなし。本当はキャリアウーマンとなって自分の力を試したかったのにあきらめて家庭に入ったなどの事情です。そして、それを直視することなく、子どもの面倒をみるという忙しさや、子どもを思いどおりにして支配欲を満たすことで、紛らわしていることが多いのです。

先生と子どもの共依存

「まじめで熱心」な先生は、学級の子どもたちの面倒は何から何までみてやります。わんぱく坊主はきつくしかり、元気のなさそうな子にはすぐ声をかけます。目の届かない子、言うことを聞かない子がいると気がすみません。これが、やさしいような厳しいような、どうも窮屈な感じです。子どもたちは息苦しさや押しつけがましさを感じて、だんだんつらくなっていくようです。

しかし先生は自分の押しつけがましさに気がつきません。「自分は一生懸命やっている」という満足感が、子どもたちの本音を理解する視点を消してしまうのです。

共依存かそうでないかの分かれ道

子どもには、親や先生の共依存的な対応がある程度は必要です。大人からの信頼や期待がやる気の源泉になるからです。

しかし、その期待によって、子どもたちが自立しようという方向に向いているのか、先生にしばられていると感じているのか、この吟味が常に必要になってきます。

熱心に面倒をみているにもかかわらず、子どもたちが先生にしばられていると感じているなら、この問題を考えてみる価値はありそうです。

近ごろ私は、大学生とつきあう機会が多く、この問題を痛切に感じるようになりました。彼らの中には、自己の確立に苦労している依存的な人、すっかりその生き方を身につけてしまった共依存タイプの人が多いのです。聞くと、彼らの親、団塊の世代以上の人たちに、共依存的な傾向が多く見られるのです。

小学生を教えていた私にとって、大学生の実態は驚きでした。小・中学校の役割が大きいことにあらためて気づいたのです。

人間として自己実現する力を育成することが打ち出されてきた現在、子どもたちのこととしても、先生自身のこととしても、このテーマは見逃せないものです。

まじめで熱心な先生が子どもたちとうまくいかなくなったとき、「自分の楽しみは、生きがいは何だったのだろう」と心にぽっかりと虚しさがこみあげることがあります。これはひとつのチャンスです。

子どもたちにどのような思いをもってかかわっているのか、立ち止まって思案してみることをお勧めします。

■引用・参考図書

1. 國分康孝・河村茂雄　1996　『学級の育て方・生かし方』　金子書房　3-211.
2. 河村茂雄　1996　シェアリングの仕方，教師同士の活用，その他　國分康孝監『エンカウンターで学級が変わる　小学校編』（分担執筆）　図書文化　32-33，38-41，54-55，64-67，90-91，156-157，168-169，172-173，176-177.
3. 河村茂雄　1997　カウンセリングを活かした教科授業　國分康孝編『子どもの心を育てるカウンセリング』（分担執筆）　学事出版　137-147.
4. 河村茂雄　1997　学級になじめない子，教師文化の問題点，学級崩壊の予防策，その他　國分康孝監『スクール・カウンセリング事典』（分担執筆）　東京書籍　168，173，175，176，209，220，224，462.
5. 河村茂雄　1997　こころを動かす教師の一言，エンカウンターで特別活動，その他　國分康孝監『エンカウンターで学級が変わるパート２　小学校編』（分担執筆）　図書文化　16-17，123，164-167，228-236.
6. 國分康孝・河村茂雄・朝日朋子・品田笑子　1998　『育てるカウンセリングが学級を変える　小学校編』　図書文化
7. 河村茂雄　1998　教育力のある学級集団とは，ビリーフ，教師特有のストレス　國分康孝他編『児童生徒理解と教師の自己理解』（分担執筆）　図書文化　66-71，148-151，158-165.
8. 河村茂雄　1998　おちこぼしとふきこぼし－学力に差のある集団での授業－　國分康孝他編『授業に生かす育てるカウンセリング』（分担執筆）　図書文化　136-141.
9. 河村茂雄　1998　『崩壊しない学級経営をめざして－教師・学級集団のタイプでみる学級経営－』　学事出版
10. 河村茂雄　1998　『たのしい学校生活を送るためのアンケート「Ｑ－Ｕ」実施・解釈ハンドブック　小学校編』　図書文化
11. 河村茂雄　1999　『たのしい学校生活を送るためのアンケート「Ｑ－Ｕ」実施・解釈ハンドブック　中学校編』　図書文化
12. 河村茂雄　1999　学級における人間関係づくりと規律の確立　北尾倫彦編『自ら学び自ら考える力を育てる授業の実際』（分担執筆）　図書文化　64-67.
13. 河村茂雄　1999　学級担任のビリーフ　國分康孝編『論理療法の理論と実際』（分担執筆）　誠信書房　74-85.
14. 河村茂雄　1999　カウンセリングを生かした学級経営　國分康孝編『学校カウンセリング』（分担執筆）　日本評論社　101-107.
15. 河村茂雄　1999　社会スキル不全　内山喜久雄・山口正二編『実践生徒指導・教育相談』（分担執筆）　ナカニシヤ出版　84-97.
16. 河村茂雄　1999　『学級崩壊に学ぶ－崩壊のメカニズムを絶つ教師の知識と技術－』　誠信書房
17. 河村茂雄　1999　『エンカウンターで学級が変わるパート３』（共編）　図書文化
18. 河村茂雄　2000　『教師特有のビリーフが児童に与える影響』　風間書房
19. 河村茂雄　2000　教師論　新井邦二郎編『図でわかる学習と発達の心理学』（分担執筆）福村出版　9-20.
20. 河村茂雄　2000　構成的グループエンカウンターを生かしたソーシャルスキル訓練　國分康孝編『続・構成的グループエンカウンター』（分担執筆）　誠信書房　105-113.
21. 河村茂雄　2000　教師－児童・生徒関係　堀野緑・濱口佳和・宮下一博編『子どものパーソナリティと社会性の発達』（分担執筆）　北大路書房　20-29.

■引用研究論文

1. 河村茂雄・國分康孝　1996　小学校における教師特有のビリーフについての調査研究　カウンセリング研究, 29, 44-54.
2. 河村茂雄・國分康孝　1996　教師にみられる管理意識と児童の学級適応感との関係についての調査研究　カウンセリング研究, 29, 55-59.
3. 河村茂雄　1996　教師のＰＭ式指導類型と勢力資源及び児童のスクール・モラールとの関係についての調査研究　カウンセリング研究, 29, 187-196.
4. 河村茂雄・田上不二夫　1997　教師の教育実践に関するビリーフの強迫性と児童のスクール・モラールとの関係　教育心理学研究, 45, 213-219.
5. 河村茂雄・田上不二夫　1997　児童のスクール・モラールと担任教師の勢力資源認知との関係についての調査研究　カウンセリング研究, 30, 11-17.
6. 河村茂雄・田上不二夫　1997　いじめ被害・学級不適応児童発見尺度の作成　カウンセリング研究, 30, 112-120.
7. 河村茂雄・田上不二夫　1997　児童が認知する教師のＰＭ式指導類型と児童のスクール・モラールとの関係についての考察　カウンセリング研究, 30, 121-129.
8. 河村茂雄　1998　教師特有のビリーフが児童のスクール・モラールに与える影響　筑波大学博士論文
9. 河村茂雄　1998　校内研究の分析　岩手大学教育学部研究年報, 59-1, 71-80.
10. 河村茂雄・田上不二夫　1998　教師の指導行動・態度の変容への試み(1)－教師特有のビリーフと指導行動・態度との関係－　カウンセリング研究, 31, 126-132.
11. 河村茂雄・田上不二夫　1999　教師の指導行動・態度の変容への試み(2)－教師のビリーフ介入プログラムの効果の検討－　カウンセリング研究, 31, 270-285.
12. 河村茂雄　1999　研究指定校における教師の意識と指導行動の分析　岩手大学教育学部研究年報, 59-2, 1-7.
13. 河村茂雄　1999　校内研究と教育心理学　教育心理学年報, 38, 169-179.
14. 河村茂雄　1999　集団体験と学級経営　岩手大学教育学部附属教育実践研究指導センター研究紀要, 9, 1-8.
15. 河村茂雄　1999　生徒の援助ニーズを把握するための尺度の開発－学校生活満足度尺度（高校生用）の作成－　岩手大学教育学部研究年報, 59-1, 111-120.
16. 河村茂雄　1999　生徒の援助ニーズを活用するための尺度の活用（高校生用）　岩手大学教育学部研究年報, 59-2, 101-108.
17. 河村茂雄　1999　生徒の援助ニーズを把握するための尺度の開発(1)－学校生活満足度尺度（中学生用）の作成－　カウンセリング研究, 32, 274-282.
18. 河村茂雄　1999　生徒の援助ニーズを把握するための尺度の開発(2)－スクール・モラール尺度（中学生用）の作成－　カウンセリング研究, 32, 283-291.
19. 河村茂雄　2000　児童のスクール・モラールに影響を与える要因の分析　岩手大学教育学部附属教育実践研究指導センター研究紀要, 10, 15-23.

■その他の論文

1. 河村茂雄　2000　教師を支える援助システムの必要性－教師への相談活動を通して－　岩手大学教育学部学会報告書, 14, 55-57.
2. 河村茂雄　2000　心の教育と集団体験・集団体験を生かす学級経営　平成10・11年度人権教育研究指定「人権感覚の発達とその指導」　岩手大学教育学部附属幼稚園・小学校研究報告　106-108.
3. 河村茂雄　2000　学校種の枠を越えた系統的援助の必要性　カウンセリング研究, 33, 104-105.

あとがき

「学級崩壊」は，「心の教育」の実践と対極にある状態です。

そのような状態に陥った学級では，子どもたちが友人とかかわる喜びを感じられず，社会的規範や道徳心も学ぶことができません。各段階における人としての発達課題も達成することができず，当然，学習などの教育課題の達成にも支障をきたします。学級崩壊という状態は，先生がとても傷つくと同時に，子どもの学びも失われていくのです。

最近，「心の教育」の重要性が指摘されるなか，その有効な手立てとして，集団を活用した構成的グループエンカウンターを教育実践に取り入れることが注目されてきました。また，構成的グループエンカウンターの活用は学級集団の育成に効果があり，それが学級崩壊を予防することにもつながるのだという認識が先生方に広がってきました。

私も，先生対象の構成的グループエンカウンターの研修会にかかわらせていただくことが多くなりました。その中で，ストレートに学級経営に関する研修を受けたいというニーズがあることを，受講している先生方と接して感じています。そういう研修を受けなければ，いくらエンカウンターの研修を受けても，いまひとつ自分の学級経営に取り入れることができないという切羽詰まった思いが見えてきたのです。

自分の学級ではどのようなエクササイズをすれば有効なのだろうか。本や研修会で学んだように，なぜ，自分の学級ではできないのだろうか。学級集団を育てていくには，どのような手順や方法が必要なのだろうか……。そんな先生方や，学級経営に不安を抱いている先生方，学級経営というものあらためて考えてみたいという先生方のニーズに少しでも応えることができれば……，そんな思いが本書には込められています。

日本のカウンセリング，構成的グループエンカウンターの第一人者である國分康孝先生，行動療法，人間関係ゲームの大家である田上不二夫先生から筑波大学大学院時代に学んだことと，私の十五年間の教職経験，学級崩壊に悩む先生方を対象にした相談活動から得た知見を，本書の中に自分なりに統合しました。少しでも先生方のお役に立てれば幸いです。

本書が出版されるにあたって，國分康孝先生，田上不二夫先生にはあらためて感謝申し上げます。さらに，私が学級崩壊に悩む先生方の相談活動をするなかで，その運営に関して多くのご助言をいただいた，日本教育カウンセラー協会事務局長の村主典英氏にも，この場をお借りしてお礼申し上げます。

最後になりましたが，わかりやすく，より具体的にと常に私を励まし，本書を読みやすく編集してくださった図書文化社出版部の東則孝氏に心から感謝申し上げます。

２０００年　６月

河村 茂雄

■執筆者紹介

河村　茂雄　かわむらしげお　1959年，東京都生まれ。

早稲田大学教育・総合科学学術院教授。博士(心理学)。日本カウンセリング学会認定カウンセラー。日本教育カウンセラー協会・上級教育カウンセラー。日本教育カウンセラー協会岩手県支部長。筑波大学大学院教育研究科カウンセリング専攻修了。公立学校教諭，教育相談員，東京農工大学講師，岩手大学教育学部心理学科助教授，都留文科大学教授を経て，現職。

集団体験を通して子ども一人一人の自己の確立を援助する，そのための学級経営のあり方，教師のかかわり方について研究を続けている。特に，構成的グループエンカウンター，社会的スキル・トレーニングを学校教育に活用する方法に興味がある。さらに，学級経営やメンタルヘルスに悩む教師に対してのカウンセリング・コンサルテーション活動に取り組んでいる。

■おもな著書

『学級崩壊に学ぶ』『心のライフライン』誠信書房。『崩壊しない学級経営をめざして』学事出版。『育てるカウンセリングが学級を変える 小学校編』(共編)『たのしい学校生活を送るためのアンケートQ-U実施・解釈ハンドブック 小・中学校用』『エンカウンターで学級が変わる3 小学校編』(共編) 図書文化。『学級の育て方・生かし方』(共著)金子書房。

育てるカウンセリング実践シリーズ1

学級崩壊 予防・回復マニュアル

全体計画から１時間の進め方まで

2000年７月20日　初版第一刷発行　[検印省略]
2016年９月20日　初版第二十刷発行

著　者　河村茂雄
発行人　福富　泉
発行所　株式会社 図書文化社
〒112-0012　東京都文京区大塚１-４-15
Tel.03-3943-2511　Fax.03-3943-2519
振替　00160-7-67697
http://www.toshobunka.co.jp/
印刷所　株式会社 厚徳社
製本所　株式会社 駒崎製本所
イラスト　鈴木真司
装　幀　田口茂文

乱丁・落丁の場合はお取り替えいたします。
ISBN 978-4-8100-0326-0 C3337
定価はカバーに表示してあります。